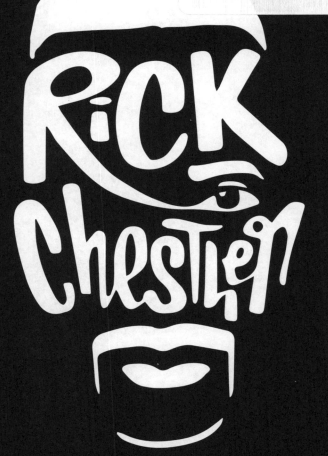

PEGA A VISÃO

VERÁS QUE UM FILHO TEU NÃO FOGE À LUTA

9

PREFÁCIO

FLÁVIO AUGUSTO DA SILVA

13

O MENSAGEIRO

APRENDIZ

17

TUDO "DA SILVA"

25

MINHAS RAÍZES

33

A LEI DA SEMEADURA

39

SER REFERÊNCIA

43

O MOVIMENTO JUNINO

E A POLÍTICA

51

AS LIÇÕES QUE
A RUA ME ENSINOU

55

OS ERROS QUE ME
FIZERAM CRESCER

65

O VENDEDOR DE ÁGUA

73

O DIA QUE O
GERAÇÃO DE VALOR
MUDOU MINHA VIDA

83

O SONO DOS JUSTOS

89

O VÍDEO DA ÁGUA

95

EU PRECISO ACORDAR ESSA GALERA

105

MAKTUB

109

PLANTANDO A SEMENTE

115

SOBRE ÁGUIAS E PARDAIS

119

QUANTO PESA TUA CAIXA?

127

PARA ONDE VÃO OS TEUS RECURSOS?

137

A FÓRMULA QUE DÁ CERTO

145

OS TRÊS TIPOS DE PESSOAS

149

SE DER TUDO ERRADO, TENHA SUA CAIXA DE ISOPOR

157

NA INTERNET, VOCÊ NAVEGA OU NAUFRAGA?

165

O QUE É O TOPO PARA VOCÊ?

173

A "NEGONA DO PAI DELA"

177

VERÁS QUE UM FILHO TEU NÃO FOGE À LUTA

181

EU EM HARVARD

Dedico essa obra, em memória, à minha avó, Dona Ida, "a mãe Ilda", mãe de meu pai e matriarca maior de nossa família. Ela faleceu durante o período que eu escrevia o livro, e quis Deus que ela não vivesse para ver o livro de seu neto.

Descanse em paz Vó.

PREFÁCIO

Desde pequenos, somos forjados dentro de uma linha de montagem que nos apresenta um único modelo de vida: estudar, se formar, arrumar um emprego e comprar uma casa financiada em trinta anos por um banco do governo. Se tudo der certo, será nessa casa que passaremos a nossa velhice ao receber a aposentadoria do INSS. O mundo mudou, o modelo tradicional de emprego entrou em declínio e pouca gente percebeu isso. Estabilidade não existe.

Pensando nisso, decidi separar uma parte do meu tempo para assumir uma missão pouco tangível, mas, desde quando as redes sociais começaram a bombar no Brasil, percebi que nelas eu teria um canal para realizá-la. Que missão é essa? Procurar transmitir uma mensagem pouco difundida dentro das salas de aula, das conversas nos bares e nos meios de comunicação: uma mensagem de incentivo ao empreendedorismo. De lá pra cá, incentivos, choques de realidades e exemplos de casos de sucesso foram utilizados no sentido de apresentar para as pessoas que é possível sair dessa caixa, é possível construir projetos que nos proporcionem independência financeira e, ao mesmo tempo, continuar colaborando com a sociedade. Em meio a mais de 5 milhões de seguidores, não foram poucos os exemplos de jovens que ousaram sair do padrão e se libertaram do modelo tradicional. Jovens que empregam em vez de fazerem parte das estatísticas dos desempregados, que enriqueceram em vez de

9

serem um a mais na lista dos 63 milhões de brasileiros endividados e que descobriram que são capazes de muito mais do que o mundo lhes apresentou, em vez de nutrirem incertezas sobre o futuro. Definitivamente, valeu a pena todo o esforço.

No mês de abril de 2018, um amigo me mandou um vídeo no WhatsApp. Nele, aparecia um homem negro, aparentemente pobre, mas que articulava uma oratória notável. Seus argumentos lógicos, executados em meio a uma aritmética precisa, provavam por A + B, a existência de uma fórmula – já executada pelo interlocutor – para quem estava desempregado no Rio de Janeiro. Vender água na praia de Copacabana mostrava-se um negócio factível para quem tivesse disposição para, de forma definitiva ou provisória, sair das agruras do desemprego. Em seguida, ele disparava: "Ah, vender água não é pra você? Então a crise não está no país. Está dentro de você". Finalizava, cortando como uma espada afiada.

Em apenas sessenta segundos, percebi que ele ostentava um poder de confronto e choque de realidade maior do que eu mesmo possuía. Por mais que eu viesse de classes baixas e tendo construído tudo que construí nos últimos vinte anos, sempre pairava uma dúvida no ar: "Para o Flávio falar é fácil. Ele não entende a minha realidade". É claro que entendo a realidade de quem começa sem apoio, pois passei por tudo isso, porém, a percepção comum me tirava o poder de ajudar quem precisava desse choque, bem como de enxergar algumas verdades. Infelizmente, eu não conseguia mais ajudar a um determinado grupo que precisava ouvir o mesmo que eu teria a dizer. Porém, transmitir essa mensagem se tornou possível através de alguém que estivesse mais próximo da sua realidade e que tornasse crível a verdade que poderia mudar sua vida.

Assim que terminei de assistir ao famoso vídeo da água de Rick Chesther, que acabei de descrever, postei em meu Instagram e perguntei se alguém o conhecia. Em pouco tempo, Rick falou comigo ao telefone, nos encontramos em Curitiba, ele foi até São Paulo, onde assinou com a editora Buzz, compareceu a dezenas de palestras, palestrou em Harvard, me visitou em Orlando, assinou contratos publicitários e hoje, apenas três meses depois de tudo isso, estou aqui, tendo a honra de escrever o prefácio de seu livro.

Rick tem experiência de vida – duras experiências – ao mesmo tempo que tem alguns valores que ficam muito claros para quem convive com ele. Lealdade é um desses valores. Hoje, o seu talento e a missão de transmitir essa mensagem foram abraçados por meios de comunicação e eventos corporativos por todo o Brasil. Suas palavras são simples, sinceras e com a firmeza para fazer com que você saia do lugar. É bonito ver a simplicidade da sabedoria e a destreza de um mensageiro.

Como ele mesmo diz, é "a palavra de um mensageiro. Apenas um mensageiro e nada mais."

Flávio Augusto da Silva
Fundador da Wise Up, proprietário do Orlando City Soccer Club e Presidente da Wiser Educação.

O MENSAGEIRO APRENDIZ

Quando comecei a escrever este livro, não sabia que muitas mudanças ainda estavam previstas em minha trajetória. Nem sonhava que um dia palestraria em Harvard. Eu era um vendedor de água que persistia nas areias de Copacabana, insistindo em não desistir.

Alguns começaram a me ver como embaixador do empreendedorismo porque eu levava o empreendedorismo em minhas falas, que eu era um palestrante, embora eu só usasse a palestra para dizer que devemos falar ao invés de calar diante das situações. Outros diziam que eu deveria escrever um livro. Mas perguntei a mim mesmo *"como assim, eu, escritor?"*. Nunca fui escritor, apenas identifiquei que eu poderia usar o livro como forma de contar uma história e fazer com que outras pessoas pudessem enxergar a si próprias e, assim, conseguissem transformar suas dificuldades em possibilidades. Foi então que enxerguei que, em forma de livro, eu poderia levar aquela mensagem.

Descobri também que não sou um milionário, mas, em forma de mensagem, sigo dizendo para as outras pessoas que qualquer um pode, desde que quem pleiteie essa regalia esteja disposto a pagar o preço.

Descobri que não sou empreendedor, mas através de minhas próprias experiências de vida provei que, no empreendedorismo, toda pessoa pode sair de 'menos dez' e chegar onde quiser. E, assim sendo, levo também essa mensagem a todos.

Por fim, descobri que também não sou empresário, mas mostrei que qualquer um que tiver o mínimo de organização e o máximo de empenho para lutar as lutas que devem ser lutadas, sem se acovardar, pode abrir uma empresa e prosperar dentro do nosso país.

Concluo dizendo que não sou um empresário, escritor, empreendedor, palestrante ou milionário.

Sou apenas um mensageiro aprendiz. Isso mesmo: um mensageiro convicto de que não sabe uma vírgula sequer a mais que ninguém, mas, sim, alguém que, dia a dia, aprende algo novo e repassa através de sua mensagem.

Um mensageiro aprendiz que só quer deixar, por meio de mensagem, o fato de que todo ser humano é uma esponja e, como tal, todos temos a possibilidade de escolher o que iremos sugar, quando iremos sugar, o que iremos descartar e quando iremos descartar.

Cada um absorve o que quer do meio em que vive.

Um mensageiro aprendiz disposto a rodar o mundo promovendo a libertação através do conhecimento.

O que me levou a escrever o livro é que leio muito desde 1999. Período em que abandonei a sala de aula, mas não o conhecimento. Foi aí que passei a ser um apaixonado pela leitura e defensor declarado de tal prática. Eu passei a ler nessa época três a quatro livros por semana. Sempre que eu pisava em livrarias e bibliotecas, via que eram como hospitais equipados para curar pessoas.

Toda vez que a pessoa entra numa livraria, ela está buscando remédio para se curar. Toda vez que uma livraria fecha, é como um lugar de cura fechando as portas para pessoas que estão doentes e necessitam que aquele lugar se mantenha aberto para que elas também se mantenham vivas.

Vivemos, hoje, um tempo sombrio, onde é cada vez mais comum o fato de nos depararmos com livrarias baixando as portas, tempo de pessoas que se dizem na era da informação e avanços tecnológicos, mas que não estão tendo e nem repassando o hábito de ler. Sinto que devemos reverter esse quadro. Reverter esse quadro é falar de leitura, escrever livro, vender livro, ler e consumir livros, incentivando outras pessoas a lerem também. Hoje, essa é minha missão. Escrever o livro e mandar a mensagem através dele, sabendo que podemos transformar esse mundo.

Essa transformação só virá através do conhecimento, e uma das formas de se adquirir conhecimento é através da leitura. Esse é um dos maiores fundamentos que sigo e, agora, quero repassar para aqueles que querem realmente se destoar da manada e caminhar fora da curva.

Sou apenas um mensageiro aprendiz e, sendo mensageiro, meu compromisso é ser uma voz de uma nação.

Então, nas páginas seguintes, este humilde mensageiro-aprendiz se sente um privilegiado por poder compartilhar alguns ensinamentos adquiridos ao longo desses 41 anos. Vamos lá!

TUDO "DA SILVA"

A INFÂNCIA DIFÍCIL, PORÉM HONESTA E DIGNA

Meu nome é Richesther Paaltiel da Silva, na infância eu era o Tuca, depois o Rick e hoje sou Rick Chesther da Silva. Só para constar, eu sou assim mesmo. Assim como a água, eu modelo meu curso de acordo com a natureza do solo por onde vou passando.

Sou o mineiro mais carioca que você vai conhecer na sua vida. Filho do Sr. Roxo e da Dona Pretinha – ou melhor: filho de José e Maria. Meu pai é José Raymundo da Silva. Minha mãe, Maria Antônia Silva.

Sou um brasileiro raiz, com tudo que tenho direito. Tenho "da Silva" no nome. Um pé na Mangueira, que é a escola de samba mais querida do planeta, e outro no empreendedorismo – um nome que aprendi depois de muito tempo "trabalhando por conta".

Esse Rick que está escrevendo um livro hoje já tem passaporte no bolso e vê o Rio de Janeiro lá do avião, enquanto olha emocionado o Cristo Redentor bem à sua frente, como se ele abrisse os braços só para mim. Mas esse Rick só está aqui porque vendeu muita verdura no carrinho de mão, vendeu muito picolé, sacolé, vendeu muita água em seu isopor na areia quente e pesada de Copacabana. Esse Rick ainda anda de trem, de metrô, sobe o morro e se mistura, mesmo tendo acesso a muitas outras coisas hoje.

Para você entender melhor meu jeito de ver a vida, vou lhe contar a minha história.

Nasci e fui criado em Pitangui, Minas Gerais. Terceiro filho do Sr. Roxo e da Dona Pretinha. Somos cinco filhos: Ringo, Cláudia, Dila e Rôn, além, é claro, desse que vos fala. Eu sou o do meio. Tem um casal antes e um casal depois de mim. Desde que nasci, vejo meu pai trabalhar. Muito.

Ao longo do livro, você vai perceber que falarei muito desse cara. Se você tivesse um pai que nem o meu, também iria se orgulhar. Meu pai chegou no que eu chamo de "topo". Mas calma que eu vou chegar lá.

Sr. Roxo é pedreiro, é motorista, é gestor de obra, é carpinteiro, é operador de máquina. Sr. Roxo é aquele cara que sempre empreendeu. Que sempre colocou comida na mesa de casa, aquele cara que não deixa a peteca cair, não deixa a engrenagem parar. Aquele cara que já levanta com brilho nos olhos, dá um beijo na esposa, reza junto com ela, dá a bênção para os cinco filhos e sai para trabalhar. Sr. Roxo é meu herói.

Para falar de onde eu vim, eu tenho que falar dele. Porque ele é a minha raiz.

Meu pai é movido por família. Um cara que nunca teve ambição com posses, mas que nunca escondeu uma enorme preocupação em deixar o melhor para quem vem depois dele. Ou seja, ele fazia no presente para que isso determinasse o futuro. O nosso futuro.

Eu digo que meu pai soube direitinho como deixar um tesouro para os filhos.

Movido por sua família, ele tinha como causa principal contribuir com a formação pessoal dos filhos e se empenhava nisso. Ele sabia muito bem que tipo de filho queria deixar para o mundo.

Você até pode achar um exagero, mas o Sr. Roxo merece um capítulo todinho só para ele, porque, se todo pai agisse como ele agiu com seus filhos, eu tenho certeza de que todo brasileiro pensaria de forma diferente.

Meu pai sabia que educação se dava dentro de casa e fazia isso da melhor forma possível.

Eu nasci em 1977. Para ser mais exato, em 24 de maio de 1977. Era o terceiro da fila de filhos. O último dos cinco irmãos nasceu em 1982.

A molecada estava sempre reunida brincando lá em casa. Éramos muito unidos e eu tenho uma lembrança bem bonita desse período. Nós não tínhamos televisão nem celular, e já tínhamos nos mudado várias vezes em virtude das dificuldades.

Mesmo assim, éramos felizes. Ou melhor, éramos muito felizes.

Eu e meus irmãos brincávamos de rodar pneu na rua, de fazer o que sabíamos com os instrumentos que tínhamos em mãos ali no terreiro. O período mais feliz da minha vida seria aquele em que vivi junto com a turminha lá de casa. Apesar dessa infância feliz, eu não precisei crescer muito para conhecer de perto o sofrimento.

Aí você se pergunta:

Mas Rick, por que você disse que nessa época conheceu o sofrimento de verdade, se era a melhor fase da sua vida?

Eu vou chegar lá.

Talvez você ache que sofrimento seja queimar o pé descalço na areia de 40°c de Copacabana carregando 68 quilos dentro de um isopor com a alça cortando o ombro e as costas. Talvez você ache sofrimento ter que dividir um pequeno pedaço de carne com seus irmãos por não ter muito o que comer.

Mas eu acho que sofrimento mesmo nós vivemos no dia em que vimos nossa mãe ser desenganada pelos médicos.

Naquele dia, ela teve um derrame cerebral. Eu tinha cinco anos e não entendia muito bem o que estava acontecendo, mas sabia que algo não estava nada bem. Meu pai ali, visivelmente emocionado, tentando conseguir um carro para levar minha mãe para o hospital, em Campina Grande. Eu estou falando de 1983, quando carro era considerado artigo de luxo. Nenhum vizinho tinha. Não me lembro como, mas alguém conseguiu um carro e todo mundo foi correndo para o hospital. Imagina só aquela criançada toda numa sala de emergência olhando para o médico, que dizia:

– O quadro dela é muito delicado. Nesses casos a medicina não pode fazer quase nada...

Eu era muito novo, mas me lembro direitinho desse dia. Um homem vestido de branco chamou toda a família. A máquina que vê o batimento cardíaco estava ligada e eu ficava olhando o coração da minha mãe bater por aquela tela. Aquele risquinho subia, descia e me dizia que ela ainda respirava e que o coração dela ainda funcionava. Para mim, a minha mãe estava viva, mas para o médico, a vida dela tinha acabado ali.

– Humanamente, nós não podemos fazer nada. Mas essa máquina está aqui dizendo que ela ainda vive. Se esses risquinhos pararem, significa que nós perdemos a paciente.

Tinha duas palavras ali que eu tinha prestado bem atenção. Era criança, mas entendia um bocado de coisa.

Primeiro ele tinha dito "humanamente". Ou seja: ele dizia que nenhum ser humano poderia fazer nada. Só que desde bem pequeno eu já sabia que existe um Ser Superior que definiria isso. Quem iria salvar minha mãe não era homem nenhum. Era Deus. E foi ali que descobri o que digo até hoje: *"Deus não dorme"*. O médico tinha tido a felicidade de usar o "humanamente" para provar que restava apenas a fé. E fé nós tínhamos de sobra.

O que ele não sabia é que estava falando aquilo para a família "da Silva". A família "da Silva" não conhecia limites. Sempre fomos uma família de muita fé, que acreditava que Deus estava no comando. Ou seja: se humanamente não era possível salvá-la, a nossa fé nos dizia que não deveríamos desistir daquela luta.

A outra palavra que me chamou atenção foi quando ele se referiu à mamãe como "paciente".

Cara, aquela ali era minha mãe. Talvez para ele fosse só mais uma paciente, só que aquelas cinco crianças perderiam a mãe.

Minha mãe não era só uma paciente. Dona Pretinha tinha que tratar de ficar viva.

Ali a galerinha sentiu o impacto. As palavras do doutor faziam todo mundo ficar quieto. Só que confiávamos muito em Deus e, em silêncio, falávamos com Ele.

Eu via Dona Pretinha naquela cama e me lembrava da mãe forte que eu tinha, trabalhando, limpando a casa, fazendo comida, costurando, batalhando sempre para ajudar meu pai. Mas minha mãe sempre fumou: eram quase dois maços de cigarro por dia e isso era muita coisa.

Ela fumou até sofrer aquele derrame.

Agora, entra outra personagem importante da história: também é Maria. Só que essa é Maria de Jesus. A irmã mais velha da minha mãe.

A tia Maria morava no Rio de Janeiro, mas quando soube do derrame cerebral de minha mãe largou tudo que estava fazendo no Rio e viajou imediatamente para ajudá-la. Ela chegou determinada a não deixar a irmã morrer e não tinha quem a convencesse do contrário.

Lembro-me como se fosse hoje, minha tia chegou e a primeira pergunta que ela fez foi:

– Cadê a Tonha? – É assim que ela chama minha mãe. E ela repetiu:

– Cadê a Tonha? Eu quero ver minha irmã agora.

Minha tia entrou no meio de todos os médicos e perguntou se tinha alguma chance de a irmã sair viva. Ela disse em voz alta:

– Ela não pode morrer. Tem cinco filhos ali esperando por ela.

O médico disse que sim. Disse que tinha uma cirurgia, mas que o sangue estava todo derramado dentro da cabeça da minha mãe e que não tinha muita chance da cirurgia dar certo.

– Se abrirmos a cabeça da paciente, a chance de ela viver pode ser menor ainda. Mas é uma possibilidade.

Todo mundo ficou se olhando, um para a cara do outro. Todo mundo menos minha tia. Ela não pensou duas vezes. Acho que ela tinha uma intuição forte, ou sabia ouvir Deus falando com ela. E então ela disse:

– Eu quero que faça a cirurgia.

Só que ela e meu pai precisavam assinar um termo para dizer que todo mundo estava "ciente" de que minha mãe poderia morrer na mesa de operação. Meu pai assinou. Os olhos dele estavam secos. Já não tinha mais lágrima para chorar.

A fé deles era muito grande e ele confiou que era tudo ou nada.

Foi aí que autorizaram a cirurgia. Ficamos todos juntos rezando, enquanto abriam a cabeça da minha mãe.

A intuição da minha tia, toda aquela fé e as nossas orações deram certo: minha mãe saiu com vida da mesa de operação. O Ser

Superior tinha um plano maior para a Dona Pretinha. Mais uma vez, Deus se mostrou muito mais poderoso do que a ciência, do que a medicina. Que alegria saber que ela estava viva!

Porém, com a tal da cirurgia, minha mãe acabou perdendo a visão. Mas Deus foi rápido na resolução e ela ganhou um olho novo. Uma doação de córnea que veio de repente, no mesmo dia. Foi como se Deus estivesse nos afirmando, nas pequenas coisas, que estava ali o tempo todo.

Mal sabíamos que essa novela ainda duraria um ano: para se recuperar totalmente e poder voltar para casa, ela teria que ficar internada.

Foi aí que veio o problema. Minha mãe estava viva, mas ainda não poderia ir para casa.

Minha tia era "sabida" demais. Eu era muito pequeno, mas sei que era ela quem conduzia as coisas junto com meu pai e isso nos passava segurança. Meu pai não estava sozinho. Ela entrou ali, viu que a irmã ia se recuperar, mas sabia que não teria como meu pai trabalhar e cuidar das cinco crianças ao mesmo tempo.

E então surgiu a ideia de uma divisão. Metade dos filhos iria para o Rio para ficar na casa dela e a outra metade iria para Martinho Campos, que era onde morava minha avó paterna, a Dona Ilda.

Por falar em casa da avó, lá também só tinha Marias: todas as irmãs de meu pai são Maria. Era tudo Maria. Era tudo "da Silva".

Eu faço parte da metade que foi para Martinho Campos (os meninos foram para lá e as meninas para a casa da minha tia). E assim, pela primeira vez na vida, nos separamos. Pai e mãe para um lado, irmãs para outro e irmãos para um outro.

Imagina como aquilo nos doeu! Afinal, até então, isso jamais havia acontecido.

Desde esse dia, minha tia passou a ser minha segunda mãe. Essa distribuição fez com que fisicamente nos distanciássemos, mas, por dentro, nunca nos separamos. O coração de um "da Silva" sempre bate junto com outro "da Silva".

Eu tentava manter a lembrança da minha mãe viva, esperando meu pai chegar do trabalho. Da felicidade dele quando chegava em casa mesmo tendo trabalhado o dia todo como pedreiro, motorista e o que mais aparecesse. Eu sabia que ficaríamos todos "juntos e misturados" novamente e que meu pai iria segurar a barra de trabalhar e cuidar da minha mãe no hospital.

Para tudo se dava um jeito. Só para morte que não.

Eu e meus irmãos mais novos ficamos um ano, metade no Rio de Janeiro na casa da tia Maria e metade em Minas na casa da vó.

Depois de um ano nessa divisão, recebemos a tão esperada notícia de que minha mãe ia sair do hospital: foi uma felicidade enorme. A maior felicidade de todas. Só que ela ouviu o que não queria. O médico disse, com cara de quem sabe do que tá falando:

– Olha, vai para casa, vamos te dar alta, mas a senhora não pode mais fumar.

Todo mundo sabia que o maior adversário da vida dela era justamente o cigarro.

O reencontro de todos aconteceu em Pitangui, na casa de outra irmã de minha mãe, a Maria do Carmo ou Tia Do Carmo, que era como a chamávamos. Lembro de minha mãe chegando lá com a cabeça toda enfaixada e o cabelo todo raspado e reclamando de dor de cabeça, porém, aquela mulher desenganada pelos médicos estava ali na minha frente "vivinha da silva". Minha mãe estava viva e isso era o que valia. Deus realmente não dorme.

Voltamos para casa depois do choque, e sabíamos que não tínhamos só pai e mãe naquela história. As cinco crianças sabiam que, dali em diante, poderiam contar com tia Maria, avó, e com todo mundo que pudesse ajudar. Ali eu aprendi o valor que tem a família.

Eu vejo que desde cedo, a vida me pregou algumas peças. Como se Deus dissesse: "*Vou começar a te testar desde agora e ver até onde você suporta*".

Com os filhos de volta ao lar, meu pai reuniu todo mundo na sala. Sabia que era hora de dar uma lição das boas. Olhou para cada um de nós de um jeito bem carinhoso. Mesmo quando ele dizia coisas difíceis de serem ouvidas, ele sabia quais palavras usar para que o que ficasse fosse o aprendizado, e não o trauma.

Sr. Roxo não tinha sofrimento nas palavras. Tinha só atitude e verdade.

– Olha, a partir de agora vocês têm que ajudar sua mãe a cuidar e criar uns aos outros. Ela fez uma cirurgia delicada na cabeça, que ainda dói, e pode acontecer, do nada, dela ter alguma coisa. Então estejam muito organizados, pois, se porventura Deus recolher sua mãe, vocês têm que estar prontos para o baque e para continuar – e ali ele nos ensinava que, na vida, devemos sempre estar prontos, seja para encarar a dor ou para abraçar uma oportunidade. Esteja pronto e ponto.

Eu lembro que naquele dia olhamos um para o outro. A regra era o mais velho ir cuidando do mais novo, que nem escadinha. Todo mundo tinha uma responsabilidade. Ninguém queria perder a mãe, mas sabíamos que, se porventura isso viesse a acontecer, tínhamos uns aos outros e que seria sempre assim.

Naquele dia, minha mãe reclamou muito de dor de cabeça. Ninguém achou que era frescura, mas ela continuou com a cabeça doendo muito e por um bom tempo.

Somente 30 anos depois, ela descobriria que o médico tinha esquecido um bisturi dentro da cabeça dela durante a cirurgia, e que este já não poderia ser retirado porque seria mais arriscado tirar do que deixar. Mas, em 30 anos, muita coisa ainda ia acontecer e se um bisturi dentro da cabeça não era capaz de parar minha mãe, filho nenhum reclamaria da vida.

A gente era tudo "da Silva". E quer saber? Um "da Silva" é um "da Silva".

Graças a Deus.

MINHAS RAÍZES

O QUE MEU PAI ME ENSINOU NA ESCOLA DA VIDA

Para qualquer criança, os pais são referência. Para mim, meus pais são tudo.

Eu acredito que qualquer ser humano precisa honrar suas raízes. Não tem que postar foto da mãe nas redes sociais apenas em datas comemorativas para mostrar para os outros. Tem que pedir a bênção todo dia. Tem que saber de onde veio. E eu sei muito bem de onde vim. Sei e tenho orgulho de ser filho do Sr. Roxo e da Dona Pretinha.

Tenho mais que o sangue deles correndo nas veias.

O exemplo dos meus pais me mostrou que a fé está acima de tudo e o respeito pelo outro também. Ninguém nunca se achou melhor que ninguém, muito menos invadiu o espaço do outro.

Depois que a minha mãe saiu do hospital e voltou para casa após a cirurgia e todo mundo passou a morar junto novamente, meu pai voltou a trabalhar com força total. Ele era esse cara que, se surgisse uma vaga de trabalho lá no Sul do País, ia para o Sul fazer o trabalho, mesmo que precisasse ficar três meses longe de casa para isso.

Não tinha tempo ruim para o meu pai. Para colocar comida na mesa, ele trabalhava duro no que fosse preciso e, sempre que estava em casa, sabia o que dizer para nós. Eu já sabia desde criança que Sr. Roxo era um cara iluminado.

"O que eu puder fazer para mostrar para vocês como a vida deve ser, eu vou fazer", meu pai dizia. Ele sempre disse que educação não vinha só da escola. Vinha de berço. Ou seja: na escola eu aprendia

que $2 + 2 = 4$, mas educação não é isso. Isso é ensino. Educação é aquilo que pai e mãe nos repassam no dia a dia em casa.

Hoje eu sei que o Sr. Roxo era um visionário. Ele não se preocupava com posses, mas, sim, em nos mostrar o que tinha valor de verdade. E ele tinha tantos valores que essa certamente era sua maior riqueza.

Um dia ele me disse:

– Meu filho, se precisar carregar essa mesa para ter o que comer, a gente vai carregar. Se precisar fazer esse piso, a gente vai fazer.

Ele nunca fez curso para ser pedreiro. Um dia tinha uma vaga para pedreiro e ele foi, se candidatou mesmo sem nunca ter sido nem mesmo servente de pedreiro. Começou olhando como os outros faziam e, aos poucos, já estava liderando e indicando pessoas para trabalhar com ele.

Eu nem sabia, mas desde pequeno já estava enraizada em mim essa referência do meu pai, e eu cresci sendo tão fã desse cara que, se eu achasse uma lâmpada mágica, esfregasse, saísse um gênio lá de dentro e ele dissesse "*Você tem direito a um pedido: pode ser qualquer pessoa. Você pode ser quem quiser durante vinte e quatro horas*", eu já saberia quem eu ia querer ser: meu pai.

Esse cara é a pessoa mais sábia que já conheci na vida. Ele é "O cara". Uma referência ímpar. Tudo que fiz na vida de importante, consultei esse cara, que, para mim, sempre sabe a resposta certa e o que tem que ser feito.

A frase que ele sempre dizia para os cinco filhos era que se conseguíssemos seguir 5% do que ele ensinava, certamente nos daríamos muito bem na vida.

Isso não queria dizer ter muito dinheiro no bolso. Para ele, se dar bem era poder andar de cabeça erguida e ser referência para as pessoas.

Claro que eu guardei isso dentro da cabeça e sempre que acertei muito, foram as vezes que ouvi esse conselho do meu pai. Quando errei muito, foram as vezes que desprezei os seus conselhos.

Eu sou o filho do meio. O Tuca. Ele dizia que eu tinha nascido para ser líder e que líder não se faz, se nasce. Se hoje eu sei que a pessoa pode viver toda uma vida e não descobrir que nasceu líder, atuando como um qualquer no meio da multidão, ou até mesmo atuar como líder a vida toda achando que é alguma coisa, mas não ser líder de nada, é porque aprendi isso com meu pai.

Se você se identificar como líder, você vai liderar, independente de querer isso para sua vida. Porque você nasceu para ser líder.

Essas conversas eu tinha com meu pai desde pequeno. Acho que ele sempre tratou os filhos de um jeito tão importante que nos sentíamos realmente importantes. Ele falava com cada um olhando no olho, com respeito e amor e nunca jogava uma palavra fora.

Até hoje, nunca vi meu pai falar alguma coisa em vão. Se ele abrir a boca, pode parar para ouvir porque algo relevante será dito. Eu olhava para ele e ficava me perguntando de onde vinha tanta sabedoria. Ele dizia que era do meu avô, o falecido João Raimundo, que tinha sido a pessoa mais inteligente que ele tinha conhecido.

Mas ali tinha mais que uma inteligência. Tinha um saber. Ele entendia o que era importante na vida. Não valorizava apenas as cédulas, mas também o caráter. Valorizava a ética, a moral e colocava as coisas onde elas realmente necessitavam estar.

Ele sabia que precisava alimentar cinco filhos e uma esposa, então se preocupava com o básico, e sempre nos dizia que o mundo não era uma nota.

"*Não pode ser assim*", meu pai dizia.

"*Em algum momento ele vai pesar, mas o dinheiro não pode ser o objetivo. O objetivo tem que ser a luta, o caminhar e ser um cidadão de bem, ser um cidadão de caráter, que contribua e que respeite as pessoas. O dinheiro será consequência desses e outros tantos fatores.*"

Todos cresciam aprendendo direitinho. Só que o aprendizado não estava presente apenas quando ele estava em casa. Como o Sr. Roxo viajava muito para trabalhar e, como eu já disse, sempre ia onde o trabalho chamava, telefonava para conversar com os filhos e, como as fichas telefônicas para falar pelo telefone público eram contadas, ele economizava nas palavras.

Hoje sei que foi por isso que eu aprendi a ser objetivo. Ouvindo meu pai quando ele ligava para falar com toda a família. Nas ligações, ele dizia o básico, apenas o que precisava ser dito. Sem rodeios. Era pedir a bênção – coisa que faço até hoje quando acordo – e ouvir as instruções.

Éramos uma equipe eficiente. Ele ligava e dizia:

– Vocês têm que ajudar sua mãe porque eu estou trabalhando fora, vocês têm que ajudar sua mãe.

Para cada um ele dizia que precisava olhar o irmão mais novo. A preocupação era que estivéssemos sempre preparados para o pior e, nesse caso, o pior era perder a minha mãe de forma precoce.

Nesse período crescia uma sementinha dentro de mim de que eu precisava estar sempre pronto. Todos os irmãos sabiam disso.

Além disso, todo mundo tinha a noção de que o banho tinha que ser rápido para economizar água e luz, que era um cobertor para dois irmãos, que dormiríamos na mesma cama "*um para cima e um para baixo*" e que cada um tinha dois pedaços de carne. Nem um a mais, nem um a menos.

Consciência de que ninguém podia pegar o que era do outro, nem abusar.

As necessidades foram fazendo com que cada um de nós nos habituássemos a viver sempre no limite e sempre fazer de um limão, uma limonada.

Isso quer dizer que não tinha frescura nenhuma. A roupa que a minha mãe costurava para o irmão mais velho teria que servir para os cinco. Então, ela ia passando até chegar no filho menor. Não tinha essa coisa de roupa de mulher e roupa de homem. Tudo que servisse para cobrir o corpo era roupa e ponto final.

Sempre que meu pai chegava de uma viagem de trabalho ele trazia roupa para meu irmão mais velho e aquele dia era sempre uma festa. Ele deixava dinheiro com a minha mãe e aquele dinheiro tinha que dar para o mês inteiro. Todo mundo sabia que ele viajaria mais uma vez por causa de outro trabalho, só que ninguém via isso como sofrimento, muito menos ele.

DE NADA ADIANTA CLAMAR POR CENTENAS DE MUDANÇAS SE VOCÊ MESMO NÃO FAZ O BÁSICO.

Ele encarava aquilo com um sorriso no rosto e voltava com a sensação de dever cumprido.

Uma vez, dessas que ele voltava com o dinheiro contado para o mês seguinte, meu pai chegou querendo levar a família toda para jantar fora. Não adiantou minha mãe dizer que não precisava, que ela mesma cozinharia alguma coisa. Meu pai cismou que iríamos todos comer em um restaurante. Seria a primeira vez que isso aconteceria em nossa família e proporcionar isso para sua mulher e filhos, depois de tantos momentos de dificuldades, era um sonho de muito tempo.

Todo mundo colocou a melhor roupa e saiu de casa feito procissão atrás do meu pai e da minha mãe. Era uma felicidade que nem cabia no peito. Nem lembro a distância da nossa casa até o restaurante, mas acho que andamos pelo menos uma hora até chegar lá. O restaurante ficava em frente à rodoviária velha, no centro de Pitangui, no segundo andar. Lembro exatamente do local.

Nessa época, frango era muito caro. Raramente comíamos em casa.

Quando chegamos ao restaurante, todos se sentaram e veio o garçom, todo arrumado, perguntando o que as crianças iam comer. Eu não pensei duas vezes. Pedi uma coxa de frango.

Até hoje eu lembro do gosto daquela coxa de frango. Ela era macia, cheirosa e eu comia devagar para não esquecer do gosto nunca mais. Era o gosto de ter a família reunida. O gosto de ter minha mãe viva ali conosco. O gosto de ter meu pai de volta de um trabalho. O gosto de poder comer algo a que não tínhamos acesso. Ali eu aprendia a dar valor a cada coisa.

Aquela coxa de frango representava tudo isso naquele dia.

Mesmo com todas as dificuldades que tivemos, tudo que aprendi nessa época influencia até hoje em minha vida. Me fez entender muita coisa e crescer como pessoa. Me fez assumir algumas coisas, muito antes que muita gente.

Com 8 anos eu já sabia que não podia andar com pessoas que não tivessem o mesmo objetivo que eu, sabia que não podia desperdiçar palavra e que também não podia desperdiçar comida. Sabia que tinha que fazer tudo multiplicar, como fazíamos com o suco de dez centavos que fazia um litro, mas lá em casa tinha que render três.

Eu sabia que pipoca e refrigerante eram caros e até hoje quando vejo pipoca me dá vontade de comer. Não é porque gosto tanto, mas porque tem gosto de comida a que eu não tinha acesso. Por isso não posso ver alguém vendendo pipoca que já compro. Talvez para lembrar de como a vida foi generosa comigo.

Lá em casa ninguém era controlado o tempo todo, mas meu pai tinha uma preocupação muito grande com todos. Sempre dizia que ia dando as referências de vida para que pudéssemos tomar as nossas decisões quando crescêssemos. Isso incluía até mesmo a escolha da religião que cada um de nós quisesse seguir.

– São vocês que irão definir o que serão, – ele dizia, – eu não vou definir isso por vocês, não.

Desse jeito, aprendíamos que mesmo tendo uma miscigenação de religiões dentro de casa, meu pai sempre ensinava que o direito de um começava onde o do outro terminava. Na prática, ninguém podia invadir o espaço de ninguém.

Aquela máxima *"quando um burro fala, o outro abaixa a orelha"*: era mais ou menos o que ele pregava. Se uma pessoa estava falando, a regra era ouvir e depois falar, independentemente de concordar ou não com o que tinha sido dito. Isso evitava todos os tipos de conflitos entre os cinco irmãos.

Com a fé de cada um também não se mexia não. Ninguém podia falar pro outro que religião seguir. Cada um tinha que saber onde ia querer pisar, sempre sabendo que espaço é uma coisa que não se invade.

Era desse jeito que ele mostrava que as opções precisavam ser respeitadas. Cada um de nós era livre para escolher como levar a vida, desde que fosse com honestidade. E convivemos em perfeita harmonia.

Foi nessa época que meu irmão mais velho começou a trabalhar. Ele tinha uns 13 anos e começou como servente de pedreiro. Voltava para casa feliz da vida e meu pai fazia questão de mostrar que não existia trabalho indigno.

"Indigno é subtrair de alguém para sobreviver. É roubo. Aí é indigno".

Por falar em subtração, ele também dizia que na escola aprenderíamos a fazer conta, mas era em casa que aprenderíamos a pedir a bênção da mãe e do pai. Toda vez que os filhos estavam reunidos em casa, ele dizia:

– Ninguém vai te falar, por exemplo, que ah, você trabalhar de servente de pedreiro é menos digno do que você ser advogado. Na escola eles vão te falar que você tem que fazer faculdade, lá não se ensina que servente de pedreiro é profissão. É que na mente acadêmica, profissão é advogado, médico. Não existe por exemplo uma formação para servente de pedreiro. Não existe uma formação acadêmica para pedreiro. Ninguém recebe um diploma de curso superior que diz: *"eu sou pedreiro, eu fiz um curso de pedreiro".* Isso é um erro enorme, porque é uma profissão digna.

Desse jeito aprendíamos que esse erro fazia as pessoas acharem que um médico era mais valioso que um pedreiro. Como meu pai dizia: *"um médico pode consertar uma perna, mas não levanta uma parede".* Ao falar isso, ele não estava diminuindo a importância do médico, mas sim nos ensinando que o pedreiro tinha a mesma importância.

Aprendi desde cedo essas correções e, quer saber? Para mim elas somaram mais do que os ensinamentos em sala de aula.

A escola da vida foi onde me formei e essa raiz me fez quem eu sou.

A LEI DA SEMEADURA

PLANTE A SUA HORTA E TERÁ SUA COLHEITA

– Olha, existe um Ser Superior a todos nós. Se esse Ser definir que seremos milionários em dinheiro, seremos. Se esse Ser definir que seremos milionários em saber, seremos da mesma forma. Se esse Ser definir que passaremos por provações durante a vida toda, passaremos... Agora, a vida é simplesmente a Lei da Semeadura, então no dia que esse Ser definir te devolver o que você fez, ele vai te devolver.

Desde bem pequeno eu ouvia meu pai falar da Lei da Semeadura. Eu sabia que em tudo na vida o ser humano só colhia o que plantava. Que a vida tratava de dar os mecanismos que fossem necessários para essa plantação. O que fosse preciso para conseguir caminhar, a vida nos dava, de uma forma ou de outra. Porém, um aprendizado que tive foi que o dinheiro não era um mecanismo. O dinheiro era um dos frutos que poderíamos colher, se plantássemos para isso. Meu pai dizia:

"O objetivo tem que ser plantar a árvore. O fruto que vier será de acordo com como você cuidou daquela árvore".

Desta forma, eu sabia que dinheiro era isso: consequência de algum trabalho bem feito. Logo, isso me ensinava que não fazer nada resultava em não ter dinheiro.

Foi desse jeito que, com oito anos de idade decidi que precisava fazer alguma coisa para contribuir com a casa e, talvez, de tanto ter ouvido sobre semeadura e colheita, foi que decidi fazer uma horta no quintal de casa.

Plantei alface, almeirão, cebola, cenoura e fui cultivando aquilo tudo, dia após dia. Quando a horta começou a crescer, eu resolvi que iria vender verdura.

Foi assim que, aos oito anos de idade, fiz meu carrinho de mão e sai para a rua para ganhar dinheiro. E ali sem que eu percebesse estava nascendo o empreendedor. E, na verdade, eu não estava apenas plantando e cultivando verduras: eu estava plantando e cultivando o empreendedorismo. Na minha mente não tinha um "sonho de consumo". Eu não queria videogame, bola, brinquedo etc... Eu queria dinheiro para poder ajudar dentro de casa.

Eu voltava da escola, saía para vender, pegava os dez cruzeiros que ganhava e voltava com carne para colocar na mesa.

Nem minha mãe nem meu pai diziam o que eu tinha que fazer. Eles não diziam que eu precisava plantar, colher e vender. Muito menos que o dinheiro que eu ganhasse eu deveria levar para casa. Mas aquilo já estava enraizado em mim. Eu já tinha a sementinha, que meu pai havia plantado lá atrás, sendo cultivada. Tinha uma capacidade muito grande de guardar essas informações e de fazer de um limão, uma limonada.

Era com essa simples hortinha do lado de fora de casa que eu aprendia uma porção de coisas. Principalmente que o que se planta hoje, não se colhe amanhã. Tinha que regar e esperar crescer até que estivesse pronto para colher. Mas é isso: plantou, nasceu. Não plantou, não nasceu.

Como eu queria vender, ia descobrindo onde podia fazer mais um canteiro e, assim, tinha horta em tudo quanto era lugar no quintal. Enquanto plantava uma, estava colhendo outra. Só que era inquieto por natureza.

"Isso demora demais para crescer. Eu preciso vender mais coisas", eu pensava.

Então quando tinha verdura, eu saia com meu carrinho de verdura. Quando não tinha, eu ia vender picolé.

Como tinha um cara que fornecia o tal do sorvete no palito, eu chegava, pegava a caixa dele, pegava os picolés e vendia. No final do dia estava tudo certo: eu devolvia a caixa para ele, pagava a parte dele, ficava com a minha parte e ia embora para casa.

Até que um dia, na inocência da criança, nasceu a malandragem. Eu tinha vendido todo o picolé e ao invés de devolver a caixa e pagar a parte do fornecedor, joguei a caixa fora e levei o dinheiro todo embora.

Quando eu cheguei em casa, cheio de dinheiro, contei para minha mãe que tinha jogado a caixa fora.

Ela ficou olhando para minha cara, me ouvindo contar aquilo e logo depois disse assim:

– Isso não se faz. Vou te levar lá, você vai pegar a caixa, vai devolver a caixa e a parte do dinheiro dele.

Naquele momento eu ainda não sabia que aquele ato faria toda diferença na minha vida. Se ela não tivesse tido pulso firme e me mostrado o caminho certo, eu poderia ter desviado, e eu me perderia.

De onde venho não se espera muita coisa de um menino negro e pobre. É como se ele se corrompesse com facilidade e pudesse pegar o que não é seu. Basta a primeira vez e pronto! Se perde para sempre.

Mas a Dona Pretinha sabia direitinho educar um filho. Ela tinha um bisturi na cabeça e era cirúrgica nas palavras.

– Você vai pular aquele muro, entrar naquele terreno onde jogou a caixa, pegá-la e depois vai devolver.

Não tinha meias palavras. Era só o que precisava ser feito.

Depois que eu fui entregar a caixa de volta, cheguei em casa envergonhado e ela puxou uma conversa.

– Filho, aquilo não se faz. O que tiver que ser seu por direito, na vida, é seu. Você pode esperar, que a vida vai lhe devolver. E o que não tiver que ser seu, o que não for seu, não é seu. É de alguém e alguém está colhendo isso. Não pega a colheita de alguém, plante a sua horta e tenha a sua colheita, é o que você faz aqui o dia todo.

Daquele dia em diante, comecei literalmente a entender o que era a Lei da Semeadura. Além de plantar a alface para vender, eu sabia que meu dinheiro vinha da minha colheita, e não da colheita alheia. Eu sabia que não podia colher a colheita do outro e nem esperar por algo que não havia plantado.

Eu plantava e colhia. Eu vendia e tinha o dinheiro. Para mim, se eu plantasse mal, teria uma colheita ruim. Se o plantio era feito

35

EU SOU
O RESULTADO
DO "NÃO" QUE
EU DEI A TODOS
OS "NÃOS" QUE
ME DERAM.

direitinho, a colheita seria a melhor possível. Quando cheguei na quinta série, o horário de vender verdura e picolé era o mesmo da escola e eu decidi que precisava contribuir mais em casa do que estudar.

Mesmo sem ir à escola, já sabia os preços das carnes. E aprendi na rua, no dia a dia, na curiosidade. Depois de vender verdura, eu chegava no açougue e apontava para cada uma das carnes e ia perguntando o preço de cada uma delas, e embora não soubesse que picanha fosse mais macia que músculo, eu sabia que picanha era mais caro e sabia que eu compraria a carne mais barata. Ou seja, eu comi bastante músculo nessa vida.

Em casa, ninguém queria saber se a carne era macia. O que queríamos era comer carne. E o meu objetivo era comprar carne para semana toda. Minha meta era voltar para casa com carne e eu fazia isso. Ali aprendi o que era "bater a meta".

Aos poucos as mães dos meus amigos iam apontando o Tuca, como eu era chamado, como exemplo para os filhos delas. *"Tá vendo o Tuca? O Tuca tem o dinheiro dele. O Tuca ajuda a mãe dele".* E eu adorava saber que a molecada do bairro queria começar a vender alguma coisa só porque eu vendia. De repente, todos os meus amigos estavam vendendo também.

Eu chegava em casa e sentia orgulho de mim mesmo quando via que tinha carne na mesa. Eu sabia que era útil para alguém nesse mundo. Ali eu aprendia o que era "pensar no próximo".

O Ringo, meu irmão mais velho, também já se virava, e em determinado momento da vida, aos doze anos para ser mais exato, meu pai nos chamou para trabalhar com ele.

Ele disse exatamente o seguinte:

– Olha, eu vou ensinar vocês o ofício de pedreiro. Quero que vocês trabalhem comigo como serventes de pedreiro.

Então, quando tinha serviço com meu pai, eu e meu irmão estávamos lá. Quando ele ia trabalhar de carteira assinada, eu saía para vender picolé. Nunca ficava parado.

Logo que comecei a aprender o ofício de servente de pedreiro, aprendi a ser pedreiro. Eu tinha a curiosidade de saber como fazia tudo, então, pegava a colher e ficava batendo massa na parede. Meu pai dizia que era para eu ir fazendo aquilo até pegar o jeito.

Um fato curioso de que me lembro bem é que eu e meu pai trabalhamos na construção de pelo menos quatro igrejas. Acho que ali era Deus mais uma vez nos ensinando sobre fé, união, família e trabalho. Certamente era o agir de Deus.

Se hoje meu pai é mestre de obra e tem até curso em Gestão de Obra, naquela época ninguém tinha muito estudo, mas todo mundo sabia como entregar um apartamento pronto, pintado, com piso e tudo.

Sr. Roxo, que era um homem de visão, dizia o seguinte:

– Olha, talvez eu não consiga proporcionar que você tenha uma faculdade, mas vou te ensinar uma profissão. Você pode até optar por não ter essa profissão, mas você pode ter certeza de uma coisa: o mundo pode evoluir em várias coisas, mas um pedreiro dificilmente vai ser substituído por uma máquina.

Foi desse jeito que todo mundo colocou na cabeça que precisava aprender um ofício e qualquer um de nós que pegue um projeto do começo, consegue entregar uma casa pronta.

Isso foi meu pai quem nos ensinou. Por isso eu repito: meu pai sempre foi um visionário, só que o objetivo dele era a formação familiar e não a nota de 100 reais. Ele me deu tanto saber que hoje sei o que tem valor de verdade e que no mundo nem tudo se compra.

Se hoje eu sei o que é a Lei da Semeadura, depois de plantar e colher, eu também sei que por muitos momentos em minha vida não colhi, mas foi porque não plantei.

Eu sei o que plantei. Eu sei o que semeei. E nunca desisti. Aprendi isso com a minha mãe, que não tinha desistido mesmo depois de um derrame cerebral em 1983.

Na vida, podem existir muitas coisas das quais não tenho certeza, mas a Lei da Semeadura é implacável. Desde criança, eu já entendia isso.

COMO FAZER A RODA GIRAR

Na minha casa eu aprendi que a gente só faz a roda girar quando se é referência para quem vem depois e quando cuida de quem vem antes de nós.

Eu ainda era pequeno, quando meu pai colocou os cinco irmãos um do lado do outro e disse:

– O irmão mais velho é responsável pelo mais novo.

Aí ele explicou como ia funcionar essa regra lá em casa. O mais velho era responsável pelos quatro que vinham depois. A minha irmã era responsável pelos três que vinham abaixo dela e eu era responsável pelos dois mais novos que eu. Ali eu aprendia o que era trabalho em equipe.

Não tínhamos muita noção do porquê de meu pai ter metido aquilo na nossa cabeça, mas todo mundo tinha certeza: para ser responsável pelo outro, cada um precisava ser uma boa referência.

Era assim que ele via o mundo e era assim que ele ensinava lá em casa como o mundo deveria funcionar. Eu ainda me lembro das palavras dele:

– Você precisa ser referência para quem vem depois e isso vai ter que começar aqui em casa.

Se hoje eu me preocupo em ser referência para minha filha e só dizer coisas que eu acredito quando estou gravando um vídeo para milhares de pessoas ou conversando com uma única pessoa diante de mim, é porque desde muito jovem eu já sabia que na vida o que importava era deixar um mundo melhor para quem vinha depois.

Eu já era um menino de valores, mas depois desse dia senti a responsabilidade na pele. Meu pai tinha delegado uma responsabilidade para mim, então eu tinha que ser muito correto para que meus irmãos pudessem ter em quem se espelhar.

Foi assim que logo depois que comecei a vender verdura, meu irmão mais novo colocou na cabeça que também queria vender algo. Foi assim que quando comecei a vender picolé, meu irmão quis vender picolé.

O menino Tuca tinha tanta preocupação em ser a referência para os irmãos que cuidava de cada detalhe. Para você ter ideia, eu nunca coloquei um cigarro na boca, não bebi, nem usei droga. Sabia que, se fizesse aquilo, ia ser um exemplo negativo para meus irmãos. Então nem fofoca eu fazia porque eu não queria contaminá-los com nada de ruim. Sou assim até hoje, você pode falar mal da minha pessoa, pode me difamar, pode querer me diminuir, pode fazer o que quiser. Eu não irei em nenhum momento rebater da mesma maneira. Primeiro porque se eu rebatesse eu me igualaria ao ofensor. Segundo porque sou adepto da prática de ser sempre a estação terminal de qualquer comentário infeliz. Aprendi isso em casa.

Neste período eu notei que as pessoas precisavam de alguém que dissesse o que elas precisavam fazer. As pessoas eram carentes disso desde crianças. Como descobri isso?

Conforme elas viam o que eu vendia já naquela idade, começaram a vender também, mas vendiam sempre os mesmos produtos que eu e iam sempre para os mesmos bairros a que eu ia, sem fazer novos caminhos.

Eu ainda não sabia que um bom líder inspirava e não carregava no colo, mesmo assim reuni todas as crianças que me seguiam (Valdir, Valmir, Andinho, Alison, Valdinei, Maurinho, João Paulo, Netinho, Adalberto, Alexandre etc) e disse:

– Olha só, turma, vocês não precisam ir ao mesmo bairro que eu vou para vender. Vocês podem ir para outro bairro. Não é só nesse caminho que as pessoas compram. Onde tem pessoas, tem gente que pode comprar.

Talvez aos oito anos fosse difícil explicar a eles que onde tinha pessoas, tinha mercado, mas eu queria que cada uma daquelas crianças que tinham começado a vender coisas porque tinham se espelhado em mim pudessem criar seus próprios caminhos.

Ninguém precisa viver na sombra de ninguém, mas o ser humano é tão carente de quem diga para onde ele deve ir, que segue qualquer um que acha que sabe mais do que ele. Ali eu aprendia o que era ensinar a pescar ao invés de dar o peixe.

A única pessoa que eu sabia que tinha que estar sempre ao meu lado era o meu irmão. Meu irmão precisava estar no meu raio de visão porque ele era mais novo que eu. Eu não queria que ele se perdesse. Íamos cada um de um lado de uma rua estreita e sem asfalto e ele ia sempre felizão de estar fazendo aquilo comigo. Eu percebi que ele me via com orgulho, como um espelho.

Só que a grande referência lá de casa, sem dúvida, era meu pai. Ele sabia fazer a casa parecer um ambiente fantástico. Todo mundo que entrava ali não tinha vontade de sair. Mesmo com poucos recursos, sempre estávamos tão unidos e felizes que dava para sentir aquela energia no ar.

Apesar das dores constantes na cabeça, minha mãe costurava, fazia crochê e cuidava da casa e de todo mundo com a mesma alegria de sempre. Ninguém suspeitava de que o médico pudesse ter esquecido um bisturi dentro da cabeça dela na época da operação, e nem pensávamos em vasculhar o motivo daquelas dores. Talvez porque ninguém quisesse encontrar um motivo para sofrer. Estávamos felizes demais juntos, vivos, e saber que ela estava bem era um alento no nosso coração.

Aquelas cinco crianças tinham sempre um jeito de serem felizes. Não tínhamos televisão, celular ou videogame e todo mundo se amontoava na janela, dando cotovelada um no outro para olhar na televisão do vizinho quando estava ligada. Era hora do silêncio. A programação era o de menos, assistíamos ao jornal quando o vizinho assistia jornal e a novela quando o vizinho via novela. E ficávamos quietos, quando ele não estava com a televisão ligada.

Mas todo mundo naquela casa sabia o que filho de rico tinha. Todo mundo já tinha visto um kart e, então, resolvemos usar os recursos que tínhamos para construir os nossos carrinhos de rolimã. Achávamos aquilo o máximo.

Para mim, aquilo já era empreender. Eu não tinha ideia disso, mas empreender é pegar o recurso que você tem e fazer alguma coisa acontecer com esse recurso.

Ninguém tinha inveja do kart. Nosso carrinho de rolimã era a sensação lá da rua de casa.

Fazer a engrenagem girar com o que tínhamos em mãos era mais que um simples aprendizado de criança. Era uma fórmula para a vida.

Ninguém ficava quieto até o projeto dar certo. Saíamos para procurar madeira, prego, desenhávamos como seria o carrinho perfeito e, mesmo sem qualquer noção de medida, íamos riscando no chão, cortando a madeira, fazendo testes até o brinquedo ficar bom.

Brinquedo pronto, comprado na loja, não tinha a mesma graça, brinquedo que fazia tudo sozinho também não. A graça mesmo estava em conseguir criar o brinquedo, fazê-lo funcionar e brincar até não poder mais.

Ali eu aprendia a fazer a roda girar.

Quando cansava do carrinho de rolimã, todos iam jogar bolinhas de gude, brincar de pique-esconde. Nem sabíamos que existia a palavra *stress*.

Se alguém aparecesse com algo que nenhum dos cinco tinha, não nos importávamos. Nosso maior tesouro estava em casa.

A única coisa que nos preocupava era chegar em casa e saber que nossa mãe estava bem, que os irmãos estavam bem. Todo dia antes de dormir eu seguia para o quarto dela, tomava a bênção, olhava meus irmãos e sabia que era o menino mais feliz do mundo.

Foi uma infância muito limitada, porém digna, justa e muito coesa. Foi muito pé no chão. Foi muito feliz.

O MOVIMENTO JUNINO E A POLÍTICA

A FESTA, O PALANQUE E A DESILUSÃO

Todo jovem, quando começa a perceber que existem coisas além da família que também podem ser interessantes, fica seduzido pela possibilidade de conhecer esse novo mundo. Comigo não foi diferente.

Cresci naquele núcleo familiar onde todo mundo era unido, os irmãos eram responsáveis e queriam o bem um do outro. Dentro de casa todo mundo queria ver o outro crescer, todos se respeitavam e a maioria das escolhas eram feitas pelo bem comum.

Só que na vida as coisas funcionam de um jeito diferente. Fora de casa nem todos tinham os mesmos valores que meus pais tinham me ensinado. Nem todo mundo queria o bem e a maioria das pessoas só pensava nelas mesmas.

Com a inocência de um menino, fui trabalhar como pedreiro aos 17 anos, e como já era falante e articulado, comecei a me envolver com um grupo de jovens que eu liderava naturalmente.

Se eu ia para obra, eu liderava, se eu ia vender verdura, eu liderava e, desse jeito, acabei me apaixonando por uma brincadeira que ganhou mais que a minha atenção: as quadrilhas de festa junina.

As quadrilhas juninas acabaram entrando na minha vida por acaso, enquanto eu jogava basquete na quadra da Escola Estadual Professora Maria Belmira Trindade, no Bonsucesso, em Belo Horizonte. Eu fazia e escrevia rimas nos intervalos dos jogos e todo mundo gostava daquilo. Aí apareceu a Dona Inês Natividade Gomes. Dona Inês um dia assistia a tudo aquilo e me chamou:

– Richiesther, pode vir aqui?

Ouvi meu nome e achei engraçado, porque apenas minha mãe me chamava assim.

– Eu quero que você faça uma música para mim. Um hino para quadrilha. Você consegue?

A Dona Inês era presidente de uma quadrilha junina e receber um pedido daqueles era mais que uma honra.

– Claro que faço – eu respondi na hora.

Fui para casa, pensando no pedido dela e, logo que cheguei, escrevi o tal hino. Voltei correndo para mostrar, orgulhoso, e ela adorou. Tinha ficado muito bom.

No dia seguinte, a Dona Inês apareceu mais uma vez na quadra, enquanto eu jogava basquete. Dessa vez com um outro pedido:

– Richiesther, ficou muito bom, todo mundo gostou muito. Eu quero que você venha marcar quadrilha.

Eu que nem sabia o que era marcar quadrilha. Fiquei surpreso e perguntei como se fazia aquilo. Ela logo explicou:

– É ser o locutor da quadrilha.

Topei sem pensar duas vezes e falei para ela que ia tentar. Nunca tinha feito nada parecido. Mas eu fui.

Quando cheguei lá, o pessoal que dançava não colocou um pingo de fé em mim. Achavam que eu podia ser bom no basquete, mas para marcar quadrilha não ia dar certo, e quase bateram na Dona Inês por causa do tal convite.

Só que eu sempre fui movido por desafios, e ao ouvir aqueles questionamentos que colocavam em xeque a minha capacidade, eu, em vez de me lamentar, me alimentei deles e aí resolvi que eu não seria apenas bom naquilo. Eu seria simplesmente o melhor. Tanto que, menos de um ano após a minha chegada, já estávamos sendo selecionados para um concurso de quadrilha na Rede Globo, logo no programa da Xuxa. Nossa quadrilha já se despontava como uma das melhores do Estado e eu comecei a gostar de ganhar prêmios, conhecer todo tipo de gente e lugares.

A quadrilha tinha me conquistado definitivamente.

Se por um lado aquela atividade fazia com que eu me envolvesse num trabalho coletivo no qual eu liderava pessoas e as ensinava a se organizarem, por outro lado aquilo me fazia perder muito tempo na vida, sem perceber que ela estava passando enquanto eu vivia a vaidade de ser admirado.

Eu penso que a quadrilha foi um acerto muito grande para que eu me descobrisse enquanto líder, da grandeza que eu até então não visualizava, e ela foi um erro muito grande, porque eu me dediquei muito a esse mundo, e isso fez com que eu me fechasse para centenas de outras oportunidades.

Me tornei um cara que deixava qualquer compromisso de lado para ensaiar ou apresentar com a quadrilha. Trabalho ficou de lado, família ficou de lado e a ilusão de um mundo de dança, festa, onde todo mundo é alegre, pouco a pouco me levava para um universo de fantasia que se tornava uma espécie de refúgio.

Em paralelo, a vida continuava dentro de casa. Eu e meus irmãos trabalhávamos com meu pai no que aparecesse pela frente e ele nunca deixava que caíssemos na vaidade naquele âmbito. Fosse serviço de pedreiro ou de servente, não importava. O que importava era ir trabalhar e fazer o dinheiro entrar em casa.

Meu pai percebia que meu interesse pelas quadrilhas estava indo longe demais e fazia o alerta:

– Você é novo. Tem muita coisa para você conquistar. Se eu fosse você, eu não mexia com isso, ou pelo menos não me dedicaria tanto a isso...

Mas eu era teimoso. Queria ir. Estava envolvido com aquela turma e percebia que conseguia ser ouvido por ela. Eu aglutinava pessoas com facilidade. Já era líder. Se eu começasse a falar, automaticamente todo mundo parava para me ouvir.

Era curioso como isso acontecia. As pessoas começavam a parar de falar e iam parando, parando, aí dali a pouco só estava eu falando, e todo mundo ouvindo. Era muito automático isso. Eu nunca tinha a intenção de liderar, mas fazia isso naturalmente.

Então, através das quadrilhas juninas conheci um outro universo: o da política. Como conhecia muitas pessoas e elas viam minha liderança natural, surgiam convites e eu me achava importante o bastante para aceitar.

Nessa época eu já estava em outro grupo de quadrilha e aí entrou na minha vida o Sr. Simeão Firmino e, por intermédio dele, entrou Rogério Gerônimo.

O Rogério foi sem sombra de dúvida uma das pessoas mais importantes que conheci na vida e, certamente, a que mais me ensinou durante aquele período de inserção na vida política, na liderança de comunidade, de movimentos sociais e culturais. Com a política veio a oportunidade de conhecer um meio que eu não tinha ideia de como funcionava e também a oportunidade de perceber que aquilo não era para mim. Só que só fui entender que não, quando já estava metido nela até o último fio de cabelo.

Eu tinha uma facilidade grande de defender teses de política, e, como era da comunidade, sabia o que precisava ser feito pelas pessoas. Mas descobri com um bocado de vivência que na ampla maioria os políticos só queriam o poder.

Aí percebi que para conhecer um ser humano bastava dar a ele o poder. Eu comecei a ver pessoas se transformando com isso. Via que as pessoas não estavam preocupadas de verdade com a comunidade. Elas estavam preocupadas em usar a comunidade para chegar ao poder ou para permanecer nele.

Era ruim e ao mesmo tempo eu estava participando de tudo aquilo. Eu não sabia fazer de outro jeito. As pessoas que estavam no poder não estavam preocupadas em libertar ninguém. Elas estavam mais preocupadas em assistir as pessoas e mantê-las presas dentro de uma assistência para que todo mundo ficasse algemado sem saber. Inclusive eu.

Eles davam algo e tornavam todo mundo dependente deles. Essas pessoas, dependentes, os mantinham no poder. Era assim que aquela roda girava e com o tempo eu ia percebendo que as pessoas precisavam ser libertas, e não assistidas.

Inúmeras armadilhas eram criadas para que a comunidade não se libertasse. Só que eu ainda não sabia que o que eu defendia era um erro. Eu acreditava que aquelas ferramentas eram importantes para ajudar o ser humano. Só depois eu descobri que o próprio ser humano é que precisa se ajudar, e só depois que ele se ajudasse é que iria realmente começar a sair do lugar.

Hoje eu penso o seguinte: tudo que você precisa para ser um ser humano melhor está dentro de você e tudo que você precisa para ser um ser humano pior também está dentro de você.

Você tem a opção de escolher se será um ser humano melhor ou pior. Eu acredito que nascer na miséria pode ser consequência do erro de alguém, mas morrer na miséria é erro próprio.

Por que eu falo isso? Pode ser que eu tenha nascido na miséria porque meu pai e minha mãe em algum momento deixaram de investir... Pode ser. Não é meu caso.

Eu penso que meu pai nasceu de uma forma, ele tinha uma condição mínima e nunca recebeu programa social, nunca parou. Meu pai dirigia caminhão, quando dava para dirigir caminhão, trabalhava de chapa, quando só dava para trabalhar de chapa.

Sr. Roxo dizia que poderíamos até não trabalhar no que queríamos ou na área que sonhávamos, mas que sempre teríamos alguma coisa para fazer se estivéssemos dispostos a fazer alguma coisa. O que era preciso era estar disposto. E disposto eu sempre estive.

Não precisávamos de ninguém para conseguir essa disposição. Ela vinha de dentro, estava enraizada em nosso sobrenome. Ela vinha dos "da Silva". O ser humano tem mania de esperar que a oportunidade venha de fora, quando tudo que ele precisa está dentro dele. Nem a melhor oportunidade do mundo pode ser aproveitada, se o cara não estiver internamente preparado. Essa é a grande sacada.

Todos os cinco filhos da Dona Pretinha sabiam disso, que mesmo com limitações, a engrenagem não podia parar. Todo mundo tinha crescido vendo o Sr. Roxo viajando feito um doido, quando conseguia um trabalho, e nunca voltava desanimado ou dizendo que não tinha o que fazer. O cara ia lá e fazia.

Hoje vejo muita gente cheia de oportunidade e recurso que não tem 1% da disposição que meu pai tinha. Vejo pessoas que reclamam sem nem mesmo entender que elas não precisam buscar nada fora. É só acionar o motor interno e sair à luta.

Enquanto trabalhava na política, via muita coisa caindo no colo da sociedade. A mentalidade dos programas era de assistência. Por mais que a ideia pudesse ser perfeita, ela não era acoplada à educação. Era apenas um "toma isso aqui, amigo".

Hoje vejo as pessoas dizerem: "*Ah, o Brasil precisa investir em educação*" e eu respondo: "*Não, o Brasil tem que investir em pessoas*". "*O Brasil precisa investir em saúde*", e novamente eu respondo: "*Não, o Brasil tem que investir em pessoas.*" Por que que eu estou dizendo isso? De nada adianta construir prédios de faculdade, escolas ou hospitais se, antes disso, você não construir cidadãos, se não investir nas pessoas. Se você investir na pessoa, ela vai ter noção de que ela precisa se educar e vai buscar educação. Elas terão a certeza de que elas precisam cuidar da saúde e elas irão se cuidar.

Se você não investe em pessoas, irão continuar a construir faculdade e quem vai entrar na faculdade será o rico. O pobre vai reclamar dizendo que o rico está estudando no lugar dele, mas na verdade o rico está lá porque desde pequeno alguém disse para ele que era importante buscar a educação.

Quem tem mais formação investe em pessoas, e a criança que cresce ouvindo alguém dizer a ela que ela precisa investir em si mesma cria esse jeito de pensar.

Por isso, na maioria das vezes, o filho de rico já sai da largada com mais facilidade de entrar numa escola federal. Ele passa no vestibular por causa da educação de qualidade a que ele teve acesso. A periferia fala que o cara teve mais oportunidade que ele, mas na verdade aquele cara ficou a vida inteira recebendo a informação de que educação era bom para ele.

Mesmo que ele tenha sido depositado na escola pelo pai, que tenha visto aquele lugar como um depósito; mesmo que o pai o tenha despejado ali, esse menino teve educação a vida toda e aposta no estudo porque sabe que aquilo vai ser importante.

A grande questão é: a quem seria interessante uma população instruída?

Se essa gente toda se libertasse, iria dar problema para a geral que estava dando as cartas. Logo se chega à resposta: o X da questão é que interessa a muita gente ter um povo sem instrução. Simples assim.

Na época em que me esmerava em ser o líder comunitário, tanto nas quadrilhas de festa junina quanto na política, eu buscava o bem comum, mas ainda achava que era dando as coisas para as pessoas que teríamos a solução da desigualdade social.

Eu não suspeitava que atitudes como as que eu tinha, como quando deixava o trabalho de lado para ir dançar quadrilha, me afastavam do meu caminho, e nem imaginava que a política me decepcionaria. Eu gostava de ser "o cara" nos dois lugares.

A festa e o palanque ainda eram para mim uma maneira de ver e ser visto. Eu ainda não sabia que a desilusão viria muito depois, quando eu começasse a entender a colheita que teria daquele período.

Depois de errar muito, dentro do movimento junino e da política, eu percebi que o movimento junino tem uma riqueza cultural enorme, é um movimento lindo que precisa de mais apoio e respeito no Brasil. Um movimento que gera milhares de empregos, que desenvolve um trabalho social e de inserção significativos, principalmente nas comunidades dos grandes centros, já que a maioria da população está nas comunidades. Foi aí que descobri que, no meu caso, o problema não era o movimento junino, mas sim a minha entrega de forma exagerada a ele. Eu não tinha limites e isso custou caro. Caro até demais. Me custou, por exemplo, o fim de dois casamentos.

Eu que deixei de lado coisas que eram importantes naquele momento.

Ali eu aprendia a não me deixar levar pela vaidade.

AS LIÇÕES QUE A RUA ME ENSINOU

Desde criança eu via meu pai fazendo uma única compra no mês – para ser mais específico, no quinto dia útil. Era o dia em que ele chegava cheio de sacolas e abastecia a despensa de casa.

No começo eu achava estranho. Pensava: "*cara, tem que haver outra forma de fazer isso*". Não sabia muito, mas via que a comida ia acabando no fim do mês e não tinha o que fazer: a compra só seria feita lá pelo dia cinco do mês seguinte, que era quando ele recebia.

Assim que comecei a vender verdura e comecei a voltar com dinheiro pra casa, percebi que, quando eu vendia uma certa quantidade, conseguia passar no açougue e comprar carne. E um quilo de carne dava para uma semana dentro de casa.

Então eu me perguntava: por que meu pai trabalha desse jeito para ganhar uma vez por mês, se tem um outro jeito de trabalhar e ganhar por dia? Eu comecei a gostar de ganhar dinheiro todo dia. Na minha mente, com dezessete anos, mesmo trabalhando como servente de pedreiro, eu usava o final de semana para vender picolé, sacolé e verdura.

Aí comecei a perceber que eu era bom em vender. Eu vendia muito. Eu sempre fui o cara que, se tivesse um avião caindo, e alguém anunciasse a venda dele em queda, eu comprava e revendia antes da colisão. Eu sempre fui esse tipo de vendedor. Sabia criar um bom discurso de improviso, na hora, para fazer a pessoa entender que aquilo era um bom negócio.

Não importava a situação ou o produto. Eu simplesmente vendia.

Talvez por imaginar a cara de satisfação da minha mãe quando me via chegando com carne em casa. Talvez por saber que era exatamente o que meu pai tinha me ensinado a fazer: cuidar da família. Por um motivo ou outro, eu vendia.

Foi nessa época que comecei a dizer que carteira assinada não era negócio para mim. Eu queria trabalhar por minha conta. Era assim que eu chamava o que eu fazia: "trabalhar por conta própria".

Pensando dessa forma, eu consegui um ponto em Belo Horizonte e virei camelô. Improvisei uma banca e comecei a vender bijuteria. Vendia correntes, pulseiras, brincos e aos poucos percebia o que a clientela queria. Tinha épocas que as camisetas saíam bem; começava a esfriar eu já providenciava casacos de frio.

Não tinha tempo ruim para mim. Eu me comunicava bem, era articulado e já liderava a quadrilha de festa junina. Também estava engajado na política. O que pintava, eu fazia. Foi nessa época que eu conheci a Renata, "a Pessoa": guardem esse nome.

O único problema era que eu não me comprometia 100% com o que estava fazendo. Tinha dia que eu ia vender, mas se pintasse uma apresentação da quadrilha, eu não montava a banca. Eu arrumava uma desculpa e deixava de ganhar dinheiro. Eu ia conhecendo pessoas e me infiltrando em projetos na política e, quando percebia, estava lutando por todo mundo, menos por mim.

Me tornei assessor de um gabinete de vereador e depois fui trabalhar na implantação da Coordenadoria de Juventude de Belo Horizonte. Isso me rendeu uma assessoria ligada diretamente ao gabinete do prefeito. E eu achava aquilo o máximo. Eu trabalhava com tudo. Uma hora estava ensaiando quadrilha, mais tarde ia para a prefeitura, me envolvia com todos os tipos de projetos sociais e vendia o que podia como camelô.

Nesse ritmo, algumas pessoas levantaram o coro de que eu deveria me candidatar. Só que, antes mesmo que eu pudesse pensar a respeito, eu me decepcionei com a política, e vou contar detalhes sobre essa decepção mais adiante. Em resumo, eu trabalhava noite e dia numa campanha eleitoral e o candidato em questão não foi eleito. Com a derrota, veio chumbo grosso. Todas as pessoas que me achavam um gênio quando tudo dava certo, jogaram a responsabilidade por ele não ter ganhado no líder eleitoral – que no caso era eu.

Eu sabia, por formação de família, que ninguém ganha nem perde sozinho. Pelo menos lá em casa, todo mundo ganhava e perdia em equipe.

Isso era unânime na casa dos "da Silva". Concordávamos em dizer que na Copa de 1994, por exemplo, o Brasil tinha ganho porque tinha sido melhor que a Itália, não porque o Baggio tinha perdido o pênalti. Aquele pênalti tinha sido só a consequência da Itália não ter feito dois gols durante a partida. Ela poderia ter feito dois gols antes do pênalti, mas a covardia faz com que as pessoas digam que quem foi o responsável pelo fato de a Itália perder o pênalti e por consequência, perder a Copa, foi o Baggio.

Isso é do ser humano. Transferir a responsabilidade.

É mais fácil achar culpados e apontar a culpa em alguém em vez de assumir o que cada um poderia ter feito de diferente para modificar o resultado final.

Nesse período eu estava casado com Renata de Souza Gomes, que passara a assinar também o Silva, e que, posteriormente, se tornaria mãe da minha filha, Ludmyla Lúcia, a que eu carinhosamente chamo de "Negona do Pai Dela". Sabe aqueles seres de muita luz que vez ou outra o criador manda para a Terra? Pois é, a Renata é um deles. Quando a conheci, notei logo que sua formação familiar era bem diferente da minha, mas algo era exatamente igual: o Sr. Pedro e a Dona Vera pautavam a criação dos filhos sob pilares de ética moral, lealdade e honestidade, exatamente como meu pai fazia e faz até hoje. Ela me conheceu quando eu era nada mais que um reles ambulante vendedor de bijuteria e se casou com aquele cara. Alugamos uma casa e nos mudamos. A Pessoa, como eu chamava a Renata, assim como meu pai, era totalmente contrária à minha entrega exagerada tanto na política quanto nas quadrilhas juninas, e mal sabia eu que isso nos custaria aquele casamento.

Tínhamos pouquíssimos recursos e ela decidiu fazer um concurso numa empresa, a MGS. A MGS era uma conservadora de limpeza. Acabei prestando o concurso com ela e passamos. Como eu tinha apenas o segundo grau completo, fomos aprovados para trabalhar em serviços gerais, mas assim que cheguei no primeiro dia de serviço, eles disseram que estavam precisando de um limpador de vidro. Limpador de vidro ganhava mais, mas precisava de mais instrução.

– Se você me der essa janela, eu vou limpar de um jeito que você não vai se arrepender de ter me dado o serviço – falei para o sujeito que selecionava as pessoas.

Ele fez o teste e eu fui classificado. Achei o máximo começar logo como limpador de janelas que já ganhava um salário maior logo de cara. Só que eu fui me acostumando com aquela vida de "salário uma vez por mês" e quando vi, dois anos tinham se passado.

Eu estava com uma filha pequena e fazia exatamente aquilo que dizia que nunca ia fazer: trabalhava com carteira assinada e esperava um mês inteiro para poder fazer uma compra com o dinheiro que ganhava. Se eu sabia o que queria, também sabia o que não queria e de uma coisa eu tinha certeza: não queria passar o resto da vida trabalhando o mês todo para ganhar um único salário no fim do mês. Aquele negócio de carteira assinada não era para mim.

Mas eu ainda não conseguia identificar o que estava dando errado e o que estava dando certo na minha vida. Eu era um cara muito esforçado que abria várias frentes, mas não construía nada.

Ficava muito tempo fora de casa, principalmente nas quadrilhas e nas campanhas, e vendia o almoço para pagar a janta. Tinha alguma coisa que não fechava. Nesse meio tempo, me separei da minha esposa.

Comecei a perceber que tinha alguma coisa que eu precisava aprender. Mas ainda estava longe de conseguir enxergar o que era.

OS ERROS QUE ME FIZERAM CRESCER

CRIANDO UMA FÓRMULA PARA ACERTAR NA VIDA

A "Negona do Pai Dela" foi o maior presente que eu tive na vida. E mesmo com o fim do casamento com a Renata, a Negona nos conduzia a uma proximidade incontestável. Solteiro, vivia nos ambientes políticos e no movimento junino, onde conheci minha segunda esposa, a Poliana Martins, uma guerreira de um caráter e disposição ímpares. E juntos entramos de cabeça no movimento junino e na política.

Foi nesse período que comecei a errar feio. Era como se todo o aprendizado que meu pai tinha dado tivesse sendo deixado de lado. Aquele Rick incansável, que trabalhava noite e dia, foi dando espaço para um cara que em alguns dias trabalhava e em outros saía para dançar quadrilha ou fazer política sem pensar no dia de amanhã.

É engraçado que ninguém se dá conta de que está fazendo alguma coisa que está tirando sua vida do eixo, quando ainda não teve uma queda bem grande. A gente se acostuma a não ter o resultado e vai levando a vida. E eu e a Poliana erramos feio nisso.

Basicamente, vivíamos em função dos outros. Se alguém tinha um sonho, comprávamos aquele sonho, batalhávamos por ele e ajudávamos a conquistar. Apoiávamos todo mundo, tanto nas quadrilhas quanto na política, e não tínhamos a menor ideia de quais eram os nossos sonhos.

Quem via o Rick, sempre cercado de gente, se aproximava. Eu tinha força de vontade e criava o ambiente perfeito para que as pessoas realizassem o que queriam, mas enquanto solucionava o problema de todo mundo, os meses se passavam e eu não realizava nada para mim.

Casado, não tinha nenhum projeto pessoal em conjunto. Mas era perito em ajudar todo mundo a montar seus projetos e conquistar seus objetivos. Vivia o sonho das outras pessoas e não construí nada. Conseguia casa para todo mundo morar e vivia de aluguel.

Os anos foram se passando e quando eu participei da última campanha como líder, fui apontado como culpado pela derrota do candidato nas urnas. Esse foi um divisor de águas na minha vida. Era a primeira campanha de que eu participava e o candidato perdia, mas era colocado nas minhas costas o peso de não termos ganhado.

Coincidência ou não, eu também me separava pela segunda vez. Via que tinha alguma coisa errada acontecendo na minha vida, mas não entendia o que era. Só sabia que eu precisava parar para entender tudo aquilo.

Eu tinha saído de casa com dezesseis anos, todo mundo dizia que, dos cinco filhos, eu ia "dar certo", e já estava com trinta e poucos anos com uma mão na frente e outra atrás.

Em um certo dia, que meu pai me ligou, eu estava bem chateado. Ele perguntou se estava tudo bem e pela primeira vez em toda minha vida eu dei uma resposta diferente:

– Não. Pai, não está nada bem.

Acho que, mesmo se eu não dissesse, ele ia sacar na hora. Minha voz dizia que não estava nada bem, que eu não tinha a menor ideia do que estava fazendo e nem para onde estava indo. Estava tudo naufragando.

Ele não pensou duas vezes. Disse que estava indo fazer um trabalho perto da casa da minha irmã, Cláudia, e me mandou ir até lá e esperar por ele.

Não sei se você já passou por momentos como esse, mas era como a voz da razão me guiando novamente. Era como se eu voltasse a saber quem eu era, de onde eu vinha e onde poderia sempre ter um ombro acolhedor. Só de ouvir a voz dele já me deu uma paz.

– Vem passar uns tempos com a sua família, meu filho. Quando você estiver com a cabeça mais tranquila, você volta e decide o que vai fazer – ele disse.

Fiz uma mala, peguei um ônibus e parti para a casa da minha irmã Cláudia Renata da Silva. Aqui vale falar dela, porque você ainda não a conhece, essa é uma personagem importante da minha história. A Cláudia é meu pai em corpo de mulher. Uma força que vem de dentro e não se esconde. Tem um coração sempre pronto para acolher a quem precisa.

Assim que cheguei, ela me viu do meio da rampa que dava acesso à casa dela. Nem precisei abrir a boca para ela saber que eu estava um lixo.

Quando ela abriu os braços eu tive que fazer um esforço danado para não deixar cair uma lágrima. Ela sentia tudo que eu estava tentando esconder. Não adiantava. Estava escancarado e pouca gente me conhecia tão bem quanto ela.

Um pouco antes de me abraçar, ela deu um sorriso e disse:

– Irmão, você pode ficar aqui o tempo que quiser. O que nós comemos, você come. O que nós bebemos, você bebe. Onde a gente dormir, você dorme.

Era tudo que eu precisava ouvir naquele momento. Me senti tão amparado que não consegui segurar as lágrimas. Eram lágrimas de quem chega em casa depois de um período turbulento na vida.

Naquele momento, eu vi que eu não estava sozinho. Vi que minha família estava ali e a quadrilha e a política tinham me levado para longe da minha base de sustentação. Por causa daquela ilusão de estar cercado de pessoas, eu tinha perdido dois casamentos. Eu tinha deixado que o ego me dominasse.

Era um enfrentamento difícil porque eu estava mal e precisava entender o que estava acontecendo. Mas tinha dentro de mim a ideia de que a vida era a Lei da Semeadura e tudo que eu plantava eu colhia. Aquela colheita era resultado de um plantio que eu tinha feito. Mas também sabia que ao longo da vida tinha plantado muita coisa boa e que Deus era justo, então em algum momento eu ia colher o que tinha plantado.

Em nenhum momento eu questionava Deus. Eu era tranquilo em relação a isso. Sabia que minha hora ia chegar.

Mas eu precisava parar e ver onde eu tinha errado. Foi fácil perceber, quando parei. Eu tinha desvirtuado por causa das danças de quadrilha e por causa da política, que me faziam arranjar desculpa para não sair para trabalhar ou me afastavam da família, que era o que eu tinha de mais importante na vida.

Naquele momento eu não estava mais me importando em recomeçar do zero.

Eu sempre tive uma mentalidade de que não importa você começar do zero, desde que você tenha muito claro para si que está no zero. Se você achar que está no meio do caminho, não vai conseguir chegar.

E aí entrou em cena uma pessoa superimportante em minhas decisões naquele momento, Mirian Melissa. Ela não ficou por muito tempo, mas fez o suficiente para jamais ser esquecida. Era uma tempestade em pessoa e veio para varrer tudo aquilo de que eu não precisava, foi ela quem me mostrou que a política e a quadrilha eram peso extra e que aquilo me sugava demais. Foi ela quem me fez entender que era hora de abandonar aquelas duas coisas de uma só vez. Assim, ela lavou tudo que havia de ruim ao meu redor e depois se foi, seguiu seu caminho. Ela era a força do vento e da tempestade juntas em uma única pessoa e foi de uma importância enorme naquele período.

Aí, em um certo dia, mais precisamente em 11 de março de 2017, eu estava na casa da minha irmã, meio cabisbaixo, e resolvi sair para "ver gente". Eu estava muito fechado, isolado em casa e precisava reagir. Então fui visitar minha filha, a "Negona do Pai Dela". Chegando lá, a Pessoa me diz que eu precisava assistir a palestra de um tal de Mágico Renner. Eu não entendi bem o que ela queria me mostrar, mas ela colocou o DVD da palestra e comecei a assistir assim mesmo. Em um determinado momento, o Mágico Renner contava que havia colocado um tipo de suco na

...gua da escola em que ele estudava e que isso causou um caix. ema enorme. Resultado, o diretor levou o Renner para a diretoria e chamou sua mãe. Quando ela chegou à escola, o diretor relatou o fato e em seguida a mãe levou o filho para casa e, em tom alterado, disse a ele as seguintes palavras:

– Renner Alexandre, o homem é aquilo que ele quer ser.

Quando eu ouvi aquela parte da palestra, o mundo de forma instantânea deu uma pausa, tudo parou, o ventilador parou de girar, o mosquito parou de voar, a TV parou, a palestra, tudo parou e eu juro por tudo que é mais sagrado que naquele momento eu ouvi Deus falar comigo ali naquela sala:

– Ouça e guarde bem isso, meu filho, O HOMEM É AQUILO QUE ELE QUER SER.

Eu comecei a chorar muito e nem entendi de onde vinha tanta lágrima, e foi aí que eu formatei meu HD e comecei do zero. Fiquei eu, meu pai, meus irmãos e minha filha, e resolvi me concentrar em quem realmente se importava comigo. Esqueci as pessoas que me chamavam de "amigo", mas que não eram amigos, eram sanguessugas, e enfim aceitei que para estas pessoas eu era o melhor cara do mundo, quando conseguia fazer alguma coisa que as beneficiava, mas quando algo dava errado, não era o melhor cara do mundo. Eu era um nada.

Na própria política eu tinha colocado muita gente para trabalhar, mas essas mesmas pessoas tinham colocado a culpa da derrota em mim e não no coletivo. Eu percebi que as pessoas transferiam responsabilidade e que o mundo não era como dentro da minha casa onde todo mundo se ajudava. Era difícil me dar conta disso, mas era verdade. E foi aí que eu aceitei. A ficha caiu.

Em casa os cinco irmãos eram "um por todos, todos por um". Se um estivesse empinando pipa e ela fosse cortada, todo mundo corria para buscá-la. Éramos unidos para tudo. Na alegria e na tristeza, na saúde e na doença. Nas dificuldades, quando não tinha nada para comer, e nos dias de alegria, quando conseguíamos ir para o restaurante comer uma coxa de frango.

Torcíamos um pelo outro como se torcêssemos por nós mesmos.

AQUELE QUE NÃO
SE FORTALECE
ENFRAQUECE
A ENERGIA DO
FORTALECIDO.

Só que a vida não era assim fora da casa dos "da Silva". As pessoas queriam se beneficiar o tempo todo, queriam tudo mastigado e não se esforçavam para ter o que queriam. Faziam de tudo para grudar em quem conquistava as coisas.

Eu tinha sido o cara que tinha conquistado muita coisa – só que para os outros.

Naqueles dias, eu percebi que não era todo mundo que tinha os mesmos valores que meus pais. Quando saí para conhecer o mundo aos dezesseis, eu tive oportunidade de fazer muita coisa ruim e não fiz. Também tive a oportunidade de conviver em grupo e soube que era diferente do funcionamento do grupo da minha casa.

Na casa do Sr. Roxo e da Dona Pretinha eu havia aprendido que precisava ser um espelho para os demais. E tinha feito isso, mas tinha me perdido na vaidade de ser visto. Fazia as coisas para que os outros me vissem e me aplaudissem pelo que tinha feito.

Me perdi na vaidade dos aplausos e percebi que as pessoas que me cercavam lá fora tinham o coração vazio. Todo mundo buscava benefício próprio e essa era a grande armadilha. Eu olhava para as necessidades de todos e não olhava para as minhas. Eu conseguia tudo para todo mundo e nada para mim.

Estava errando. Errando feio. Por sorte eu tinha parado de alimentar aquele erro e tentava aprender com ele. Primeiro eu tinha que entender onde ele estava.

Mas tudo aquilo me fez aprender algo altamente valioso. Por mais forte que o ser humano seja, se ele estiver cercado por pessoas fracas, com o tempo ele estará mais fraco que todas aquelas pessoas. Elas irão sugar a sua força até extrair a sua última gota de energia. E então, percebi que aquele que não se fortalece enfraquece a energia do fortalecido.

Meu pai tinha me ensinado desde cedo:

"Quando alguma coisa der errado, não procure nas pessoas o erro. Pare, porque o erro pode estar em você. O erro pode ser você. Se der errado e você estiver participando, antes de culpar alguém, se questione. Será que o erro sou eu? Você pode ser o erro, ou parte do erro. Assim sendo, você pode também ser a solução ou parte

dela". Foi aí que eu descobri que a vida é como uma moeda. Só existem dois lados. Um desses lados é o erro, o outro a solução. Sabendo disso, fica fácil se posicionar ciente de que em qualquer situação essa moeda se aplica. Logo ou você é a solução ou parte dela, ou você é o erro ou parte dele.

Inicialmente eu não me via enquanto erro. Quando voltei para a casa da Cláudia e recebi o aconchego da família, avaliei o que tinha feito e vi que o erro era eu. Eu que tinha me dedicado às pessoas erradas e me afastado do elo da minha família.

A essa altura do campeonato, eu, que antes era considerado o mais inteligente e esperto dos cinco, que ouvia desde pequeno *"o Tuca vai chegar onde ele quiser chegar"*, estava sem ter onde cair morto, enquanto meus quatro irmãos tinham onde morar e viviam bem.

Eu tinha pago aluguel a vida toda, era o que menos tinha construído, e tinha me cercado de pessoas erradas. Tinha levado as conquistas para as pessoas da política e para as quadrilhas que tinham ganhado prêmios. Mas eu mesmo não havia ganhado nada.

O Rick tinha ficado para trás.

Meu pai me deu apoio, me ouviu e me conduziu. Conseguiu para mim um bico, um trabalho temporário, e disse que eu não podia ficar parado. De repente, lá estava eu trabalhando como pedreiro novamente. Não que isso fosse ruim, porque eu não tinha vergonha nem medo de começar quantas vezes fossem necessárias, mas eu sabia que minha vida precisava mudar.

Eu tinha aprendido com meu pai que não podia parar a vida para lamentar ou esperar algo acontecer. Era preciso se mover, ir em busca do que se quer e mudar a própria realidade. Se tinha um lote para capinar eu capinava, se tinha uma caçamba para encher de entulho, eu estava lá de manhã bem cedo e com sorriso no rosto fazendo o que precisava ser feito.

Distante de tudo, identifiquei onde estava o erro na minha vida e, ao lado do meu pai, tudo ficava mais fácil. Eu conseguia entender que tinha sido usado durante muito tempo. Sabia o que precisava deletar definitivamente da minha vida.

Passei a ouvir meu pai novamente, identificar e aceitar meus erros e rascunhei num papel uma fórmula que eu via como quatro elementos básicos na vida para se dar bem:

1. Identificar o erro
2. Aceitar que o erro é seu
3. Corrigir o erro
4. Não cometer o erro novamente

Criei essa fórmula para minha vida. Meu pai dizia que o ser humano podia errar, mas não podia errar duas vezes da mesma forma porque fazer isso é burrice.

A coisa mais difícil era aceitar que estava errado. Aceitar o próprio erro sem transferir responsabilidade é difícil. Por isso decidi recomeçar do zero.

Eu era referência para as pessoas erradas e sabia que em algum momento poderia ter uma recaída por causa da vaidade de querer participar daquilo tudo que tinha me seduzido e do medo de estar sozinho.

Mas a minha fé era muito focada em Deus. Eu sabia que tinha que dar passos diferentes para chegar em outro lugar. Se eu queria trilhar uma nova trajetória, precisava fazer outro trajeto.

E aí entra em cena a Elizandra Cristine. Ela morava no Rio de Janeiro e uma foto de um tênis que eu postei em uma de minhas redes sociais nos conduziu para o mesmo lugar. Começava ali uma nova fase e um pensamento começou a entrar de vez em meu dia a dia. Foi aí que eu decidi:

– Vou para o Rio.

Desde o dia que minha mãe tinha sido internada, quando eu tinha cinco anos, eu namorava o Rio de Janeiro. Sempre ficava na casa da minha tia, que eu sempre considerei como sendo minha segunda mãe. No Rio, eu participava dos ensaios da Mangueira, estive na Cidade Maravilhosa em quase todos os réveillons.

Era como se o Cristo ali de braços abertos me dissesse com convicção:

– Filho, o seu lugar é aqui.

Pensar no Rio me dava uma esperança porque eu podia trilhar um caminho novo por lá.

Ninguém me deteria. Eu sentia que era hora de fazer uma grande mudança e a única certeza que eu tinha era que meu novo lugar seria o Rio de Janeiro. De alguma forma e por algum motivo, eu sabia que as águas daquele mar iam me abençoar. Eu sempre me arrepiava ao chegar em Copacabana. Aquilo só podia ser um sinal.

Quando contei minha intenção para o pessoal lá de casa, todo mundo ficou com um pé atrás. Mais uma mudança? Mas se tinha uma coisa que meu pai sabia fazer era respeitar o espaço dos outros e ele respeitou o meu.

No dia 24 de maio, fizeram uma grande festa surpresa para mim. Por mais que tivesse cara de festa de aniversário, ela também tinha gosto de despedida. Era hora de eu partir de mala e cuia para o Rio.

Quando me despedi de todo mundo, eu tinha uma única certeza: se tudo desse errado, eu tinha para onde voltar e meu quarto continuava lá.

Peguei o ônibus para o Rio com uma mochila nas costas. Dentro dela, apenas umas dez camisetas, umas duas bermudas e nada mais. No caminho fui pensando em toda minha trajetória. Tinha convivido com muita gente errada. Tinha chegado a hora de aplicar o que eu tinha aprendido.

O VENDEDOR DE ÁGUA

Todo mundo que me conhece hoje sabe da história do vendedor de água de Copacabana, mas quase ninguém sabe como tudo começou. Quem assistiu àquele vídeo da água que rodou a internet não suspeitava quem era aquele cara e de onde ele vinha.

Agora que você sabe um pouco mais da minha vida, posso confessar: quando cheguei ao Rio, não tinha a menor ideia do que fazer, e quando ouvi alguém dizer que ia vender água na praia, jamais imaginei que isso um dia pudesse me trazer até aqui. Mas tem um fato interessante. Logo após minhas decepções em 2016, eu ao telefone com um grande amigo, o Márcio Perrota, comentei:

– Amigo, acho que vou me mudar para o Rio e vou começar a vender água em Copacabana.

E ele disse:

– De você eu não duvido de nada. E digo mais, se realmente vier, vai se tornar referência, pois você é líder e vai tirar de letra mais esse desafio. Vem sim, amigo.

Mal sabíamos que estávamos prevendo algo que viria a mudar a minha vida.

Cheguei no Rio sem um real no bolso, mas bem confiante. Na verdade, eu tinha saído de Minas com 200 reais de um trabalho de pedreiro. Não tinha mais nada, só que sabia que ia conseguir o que queria.

Nos primeiros dias de Rio de Janeiro, fui para a casa da Elizandra e lá morei durante três meses. Ela trançava cabelo e também era cuidadora de idosos, mas estava com poucos clientes na época.

Nunca falei disso, mas a Elizandra foi a pessoa que levou pra frente a ideia de vender água na praia. Ela estava decidida.

– Você tá maluca, Elizandra? – falei para ela, duvidando que ela fosse fazer aquilo.

Ela nem deu bola. Ligou para a Larissa, que era sua amiga, e resolveram ir juntas. Quando eu vi as duas falando sério, resolvi ir junto. Estava parado, não tinha trabalho e podia tentar a vida como vendedor de água.

Tudo que eu precisava era de uma caixa de isopor.

Claro que como estávamos despreparados, compramos a caixa inadequada, com uma alça que machucava o ombro e dificultava tudo. Saímos para comprar água lá na Central do Brasil, enchemos as caixas e compramos mais gelo do que deveríamos, mas estávamos confiantes.

Era dia de semana e a praia não estava muito cheia. Mesmo assim, falei para elas para irmos cada um para um lado e nos encontraríamos naquele mesmo lugar às treze horas.

Eu nunca tinha feito aquilo, mas saí tentando. Já elas, começaram a caminhar pela praia e nada de tentar vender a água. Quando nos reencontramos no horário combinado, todo mundo ainda estava cheio de mercadoria. Elas só tinham vendido uma água e um suco feito de guaraná. Eu tinha até vendido alguma coisa, mas nada muito animador.

Sabíamos tão pouco que fomos os três embora com a caixa cheia de mercadoria e nem percebemos que para aliviar o peso poderíamos ter jogado o gelo fora.

Saímos dali muito cansados, desanimados e com cara de enterro. Chegamos em casa sem dizer uma palavra e guardamos as águas na geladeira.

Dois dias depois, eu abri a geladeira e lá estavam elas. As garrafas de água. Olhei aquilo e fiquei pensando: "*Poxa vida, estou aqui sem fazer nada. Amanhã vou voltar para praia e vender pelo menos essa remessa e desencalhar essa água."*

Foi o que eu fiz. Coloquei toda a água no isopor novamente e saí para rua em direção à Copacabana.

Por incrível que pareça, vendi toda a mercadoria em apenas duas horas. Aí descobri que ali perto tinha um depósito de bebidas. Como ainda era cedo, comprei outra carga. Deu certo: vendi a segunda leva e fui embora feliz da vida.

Aí lembrei da conversa que tive lá em 2016 ao telefone com o amigo Márcio Perrota e pensei:

Esse negócio de vender água pode dar certo mesmo.

Como eu não tinha nenhuma ideia melhor, resolvi voltar no dia seguinte.

O dia seguinte foi um pouco melhor. A areia era quente, o sol era forte, a carga era pesada, mas eu tinha tanta vontade de esvaziar a caixa de isopor que já chegava pensando em quanto queria faturar.

Vi que não tinha nenhuma dificuldade em vender. Aliás, era bem mais fácil do que eu pensava. *"Cara, vender água na praia dá certo!"*, pensei, quando vi aquele montante de dinheiro no fim do dia.

Aí veio um senhor e me puxou de canto e disse:

– Isso aqui vai dar ruim, hein?

Eu não entendia direito o porquê, mas ele logo explicou que na praia todos os ambulantes poderiam vender, mas que tinha um preço. Todo mundo tinha que vender pelo mesmo preço. Ninguém te policia, mas ali valia a lei da justiça. Ninguém podia ser desleal com a classe. Todo mundo precisava vender por 4 reais. Só que eu estava vendendo por 2 reais, a metade do preço.

Imediatamente corrigi o erro e percebi que dava para vender o mesmo tanto de água pelos 4 reais que estavam estipulados e que com a mesma quantidade de mercadoria eu poderia ganhar o dobro que ganhei no dia anterior. Aí foi que eu gostei ainda mais do negócio.

Os dias se passaram e eu observava muito, sobretudo os vendedores. Via uns caras sem camisa, de óculos coloridos, e achava tudo muito desorganizado.

Voltei para casa pensando em como ter um diferencial. Era o velho vendedor de verdura e picolés aflorando novamente dentro de mim. Ele estava vivo ali dentro e começava a renascer.

Agora vou dar uma pausa na história da água só para você entender como eu cheguei na Mangueira. Ou melhor, na Nação Mangueirense.

Desde quando eu morava em Minas, já tinha uma ligação com a escola de samba mais querida do planeta. Frequentava a quadra, ia aos ensaios, participava dos desfiles e com meu jeito de falar bastante, tinha conquistado o título de diretor de comunicação e marketing da Nação Mangueirense.

Tudo tinha começado num dia que eu tinha feito uma logomarca para um determinado evento deles, o Nação Solidária, e me nomearam informalmente para postar as coisas nas redes sociais. Eu que já estava bem envolvido com a política e a quadrilha na época, tinha firmado aquele compromisso que não me tomava tempo e vinha de uma paixão.

Logo, a Mangueira morava dentro do meu coração.

Então, quando eu saía para vender água e via turistas, logo falava da Mangueira. Era com ela que eu engrenava um papo e entrava na mente das pessoas. Todo mundo que ia para o Rio de Janeiro amava a verde e rosa. Ela era um referencial maior do que eu imaginava para as pessoas e, no dia a dia, isso ficava comprovado com quem quer que eu conversasse.

Cheguei em casa e resolvi passar uma fita verde e rosa na minha caixa e passei a trabalhar com a camisa da Mangueira. Foi decididamente a melhor coisa que eu poderia ter feito. No dia seguinte, eu já tinha nome: era o Mangueira.

Todo mundo me chamava, me parava, e mesmo que não soubessem o que eu vendia, perguntavam o que eu estava vendendo para poder comprar. Por ter criado aquele personagem, eu passei a ser o ambulante mais notado da praia de Copacabana. E o mais feliz também.

O simples fato de estar vestido com a camisa da Mangueira já era uma oportunidade de vender, só que as coisas não paravam por aí. Quando eu parava, o cara pedia informação do Carnaval, do Rio de Janeiro, da escola de samba, e logo eu já estava levando turista para conhecer a Rocinha, a Lapa. No final do dia os turistas estavam me dando 200 reais de caixinha.

Ai eu descobri que podia também ganhar dinheiro como guia turístico e comecei a ir além de vender água. Cada dia eu ampliava o meu leque de possibilidades.

Se hoje eu não acredito em oportunidade, mas acredito que, se alguém gera uma possibilidade, enxerga aquilo e cria uma oportunidade, é porque comecei a entender quantas oportunidades eu conseguia gerar a partir das possibilidades que surgiam no dia a dia nas areias de Copacabana.

Eu levava os turistas para passeios, eu vendia água, eu vendia tudo. Camisa da Mangueira, das demais escolas. Eu via as possibilidades e não as deixava escapar.

Eu já não estava ali só para vender água. Eu estava ali para vender.

Todo dia era uma aventura diferente. Se o cliente queria a camiseta da Mangueira porque achava bacana a que eu estava usando, eu saía correndo, deixava a caixa no depósito, saía da Zona Sul, corria até a Central do Brasil, encontrava com um amigo que trazia para mim as camisas das escolas de samba, e vendia para os turistas.

Eu não poupava esforços para vender e não perdia uma venda.

Se aparecesse um cara querendo cerveja, eu dizia a ele que ia buscar no meu carro que estava estacionado no calçadão e então saía correndo. Mas na verdade nem carro eu tinha. O que eu fazia era correr no depósito, comprar a cerveja e ir vender para o cliente. Eu descobri que em todos os pontos da praia tem depósito e eu ia a todos os depósitos e aos poucos eu fazia tanto relacionamento que comecei a deixar meu WhatsApp para os clientes. Eu era o único vendedor da areia que tinha um *call center*, minha própria central de atendimento on-line em plena areia de Copa. *"Como alguém não havia pensado nisso antes?"*, eu me perguntava.

Como funcionava? Simples: Eu estava no Posto 1 e o cliente estava no Posto 5 e não me achava, ele logo passava uma mensagem e eu ia até lá levar o que ele estivesse precisando. Como a praia é imensa e a pé cansava um bocado, de ônibus era uma reta só. E como eu conhecia todos os motoristas que passavam por ali, rapidamente dei um jeito de fazer amizade com todos eles. Assim, eu pegava carona para chegar alguns metros à frente.

Aquilo valia tanto a pena que eu comecei a descobrir que 80% de qualquer negócio era baseado no relacionamento e apenas 20% no talento. No meu caso, eu me relacionava muito bem com as três pontas, o cliente, os donos dos depósitos de bebida e os motoristas dos ônibus. Assim, eu tinha total controle do cenário sem deixar sequer um furo.

Hoje eu te digo com toda certeza do mundo porque vivi isso na pele: não adianta achar que só o seu talento vai te fazer ganhar. É o relacionamento que você tem com as pessoas que faz toda a diferença.

Eu descobri isso e comecei a criar oportunidades. Além de ser vendedor, comecei a criar um relacionamento muito grande com as pessoas e com os donos dos depósitos. Eu era o único cara que guardava caixa de isopor nos depósitos de água de Copacabana.

Os vendedores não tinham relacionamento com os turistas, enquanto eu fazia um verdadeiro *call center* em Copacabana.

Todo mundo ligava para o Rick. Ou melhor, para o Mangueira.

Se tinha a parte boa, tinha a parte ruim também. Logo descobri que muitos turistas, entre brasileiros e gringos, usavam droga e chegavam na praia em busca da tal *marijuana*. Eles me perguntavam se eu vendia e eu era taxativo. *"Droga eu não vendo"*. Até o dia em que um turista me disse:

– Mas como assim você não vende droga? Todo mundo aqui vende!

E eu tive que ter pulso e responder a ele de pronto:

– Todo mundo pode até vender, mas eu não sou todo mundo.

Foi quando percebi que tinha um lado muito podre numa galera que aparecia como vendedor de água, quando na verdade vendia droga.

Eu descobri que a classe tinha um problema enorme que precisava ser corrigido.

"A galera pensa que todo vendedor vende droga e eu não sou esse cara".

Tinha que tomar cuidado com aquilo, então sempre que podia dava um toque nos novatos. Não queria ver ninguém se perder.

Era como se eu visse meu pai diante de mim, me mandando cuidar dos meus irmãos. Eu me aplicava cuidando dos mais novos que estavam ao meu redor, como se estivessem sob minha responsabilidade.

No Rio, especialmente no verão, do nada as chuvas aparecem à tarde. No dia em que percebi isso, comecei a comprar guarda--chuva e deixar no depósito. Quando começava a chover, eu era o único que tinha guarda-chuva na praia. Eu levava guarda-chuva, comprava logo aqueles bem chamativos com estampas do Cristo, do calçadão de Copacabana, dos arcos da Lapa etc. O mesmo sujeito que comprava água, no dia seguinte me mandava WhatsApp para saber se eu tinha um guarda-chuva.

E aos poucos eu me tornava "o cara" das vendas das areias de Copacabana.

Em pouco tempo, já estava todo mundo pegando a minha linha e começando a vender tudo quanto era tipo de mercadoria. E mais uma vez a vida ia me conduzindo a ser referência e a liderar pessoas.

Assim como aqueles meninos de Minas Gerais seguiam o Tuca de oito anos para vender verdura, a turminha da água se espelhava no que eu estava fazendo, pegava dicas e começava a seguir à risca o meu comportamento. Mais uma vez, o líder veio à tona.

Todo dia que eu chegava no centro, eu comprava água no depósito da família do Thiago. Eu comprava a primeira carga ali, que era mais barato, e depois ia para a Zona Sul.

Naquele dia, o Thiago, entre um carregamento e outro, olhou para mim e disse:

– Cara, você trabalha todo dia.

Comecei a dar risada, porque eu achava que era o certo fazer do jeito que eu fazia, mas a maioria dos vendedores folgavam bastante.

– Sério, Rick... você trabalha demais. Todo dia você vem...

Foi aí que ele, sem perceber, começou a me apresentar uma nova forma de ver a vida. E, de repente, do nada, enquanto carregava um fardo de água, ele disse algo que mudaria para sempre meus caminhos:

– Você tem que ler *Geração de valor*. Você é muito inteligente. Tem que ler *Geração de valor*. O que você faz é empreender.

Eu fiquei ali olhando para ele, enquanto aquelas palavras ecoavam nos meus ouvidos: "*o que você faz é empreender*".

O DIA QUE O GERAÇÃO DE VALOR MUDOU MINHA VIDA

Desde pequeno sempre tive o hábito de ler muito e um dos livros que eu tinha lido e tinha me dado coragem era *A arte da guerra*. Eu lembrava de trechos como "*Um líder cultiva a lei moral e adota sem restrições método e disciplina*" e usava esses ensinamentos na minha vida, de um jeito ou de outro.

Até aquele dia, eu nunca tinha colocado as mãos em um livro sobre empreendedorismo. Para mim, eu "trabalhava por minha conta", como eu dizia quando justificava eu ir atrás do meu próprio salário.

Só que o Thiago tinha colocado uma minhoca na minha cabeça. "*O que você faz é empreender*".

Além disso, ele tinha dito que era para eu ler o tal do *Geração de valor*.

Como eu gostava de aprender e principalmente ouvir as pessoas que eu admirava, fui até uma livraria e comprei o livro. Não sabia quem era o autor e nem me atentei a isso.

Cheguei em casa com aquele exemplar do livro em mãos e comecei a passar os olhos pelas palavras:

Desde que nascem, as pessoas são treinadas para agir de acordo com o senso comum. O ensino convencional as estimula a buscar segurança, e não liberdade. Com medo de se arriscar, a maioria segue o fluxo da boiada e sonha pequeno, optando por conseguir um emprego estável e passar anos financiando a casa própria.

Precisei esfregar os olhos e ler mais uma vez. Era como se um cara já tivesse escrito tudo aquilo que eu achava. Não parecia ser possível!

Comecei a entender por que o Thiago tinha dito para eu ler aquele livro e descobri que "trabalhar por minha conta", na verdade, era empreendedorismo.

O *Geração de valor* me ensinava que eu era um empreendedor. "*Cara, o que eu faço é empreender*", eu percebi.

Fiquei horas devorando o livro todo e quando voltei para a praia no dia seguinte, comecei a perguntar aos demais vendedores:

– Você sabia que você é empreendedor?

Os caras não tinham noção disso. Com o livro, eu sentia que não estava sozinho e que um sujeito já tinha escrito tudo aquilo que se passava pela minha cabeça. Meu discurso ficava ainda mais consistente, porque eu via que não estava falando nenhuma bobagem. Era o que eu vivia na pele e era o que o *Geração de valor* dizia. Não podia estar errado.

Aí um dia, um grupo de turistas de Minas Gerais me parou por causa da camisa da Mangueira. Eu estava vendendo água e a cabeça fritando. Não por causa do sol, mas porque aquele livro tinha mexido muito comigo.

O cara se chamava Jamerson e a moça, Alessandra. Além dos dois, estavam no grupo a mãe deles e a nora dela. Foi quando a Alessandra me chamou.

– Deixa eu te perguntar. Onde consigo comprar uma camisa da Mangueira? – falou de Mangueira eu já parava logo. Começamos a conversar sobre carnaval, mas o livro estava quente na minha mente e logo passamos a falar sobre empreendedorismo. Eu estava tão entusiasmado com tudo aquilo que não parava de falar.

– Jamerson, o empreendedorismo não é um dom. Ele não está no nosso DNA. Ele nada mais é que um caminho que te possibilita desenvolver o que você tem enquanto dom, rumo ao destino que nós chamamos de topo.

Ou seja: o empreendedorismo é uma estrada. Você vai pegar um dom e pegar uma estrada, lembrando que a viagem sempre vai ser mais importante que o destino. Se você fizer uma viagem tranquila, coesa, com os pés no chão e com muito foco no seu destino, você vai chegar no seu destino. Se você fizer uma viagem parando demais, você vai até chegar no seu destino, mas vai demorar muito mais tempo.

Agora, se você não tem coragem de embarcar nessa viagem, você não vai chegar a lugar algum. Tem que ter disposição para fazer essa viagem.

Conversamos um tempão e depois de me ouvirem falar sobre empreendedorismo, eles encomendaram oito camisas. Fui até o centro, busquei as camisas e entreguei a eles. Quando voltei, o Jamerson disse:

– Cara você tinha que dar palestra. Você é muito preparado e inteligente.

Eu nunca me achei mais especial do que ninguém, por isso respondi:

– A capacidade que eu tenho todo mundo tem. É só interpretar os fatos.

Só que eu guardei aquilo, como quando o Thiago disse que eu era empreendedor.

"*Você tinha que dar palestra*".

Eu dando palestra? Aquilo ficou na minha cabeça. Desde pequeno eu era líder, tinha facilidade de comunicação, sabia usar as palavras, e onde eu estivesse, as pessoas paravam para me ouvir. Se aquele era um indício de que eu deveria fazer palestra, talvez eu pudesse começar a pensar a respeito.

Aí eles foram embora e em todo canto estava aquele papo que o Brasil estava em crise. Eu não conseguia enxergar crise nenhuma. Nunca tinha parado de trabalhar desde os oito anos de idade e não recebia nenhuma assistência do governo. A questão era o querer. A crise estava nas pessoas.

Eu trabalhava, criava as oportunidades e fazia as coisas acontecerem. Não ficava de papo para o ar, esperando me chamarem para uma entrevista de emprego.

Se por um lado havia pessoas com todos os recursos disponíveis sem saber usá-los, por outro, havia pessoas sem recursos mínimos, mas que faziam coisas incríveis.

75

Tem muita gente que conheço que sempre tem desculpas prontas para não fazer as coisas. Até quando a oportunidade bate na porta, mesmo que seja um emprego dos sonhos, o sujeito diz que a empresa é longe e que tem que pegar dois ônibus. Ou reclama que a fila vai começar de madrugada no dia da seleção.

Para estas pessoas eu sempre digo: se o currículo for bom e se você está preparado para aquilo, você pode morar no Polo Norte e a empresa ser no Polo Sul, que o empresário vai te querer no quadro de funcionários dele. Sabe por quê? Porque o empresário quer alguém qualificado para a vaga. Simples assim. Pare com suas desculpas prontas ou você se derrotará.

A vida está cheia de possibilidades e tudo que você precisa para ser um vencedor está dentro de você, da mesma forma que tudo que você precisa para perder, também.

Enquanto o sujeito ramifica a mensagem *"até que enfim é sexta-feira"*, o outro está mandando currículo ou construindo algo novo. Enquanto um cara se prepara para ir para balada, o outro está se preparando para uma entrevista de emprego.

Enquanto um está festejando com o que chama de melhores amigos, o outro está festejando com a família por ter conseguido fazer uma venda ou conquistado um novo emprego.

Chegar não tem nada a ver com oportunidades. Chegar tem a ver com escolhas. Chegar tem a ver com abrir mão. Ou o sujeito entende isso ou não vai chegar.

Eu era esse cara, que sempre lutava, ia em busca, conseguia o que queria com o suor do meu trabalho, sem esperar as coisas acontecerem.

Nessa época, por uma coincidência ou por obra do destino, o prefeito do Rio de Janeiro cortou toda a verba do Carnaval. Desse jeito, a Mangueira, a escola de samba mais querida do planeta, não tinha verba para fazer o Carnaval.

Mas quem disse que isso era problema? Nosso carnavalesco Leandro Vieira usou aquilo a nosso favor e viemos com o enredo que dizia:

"Com dinheiro ou sem dinheiro a gente brinca."

E o samba campeão era justamente de uma galera da qual orgulhosamente faço parte. Refiro-me à parceria Lequinho & Cia, com a qual contribuo na comunicação. Em uma das partes do samba, os compositores diziam: *"Sou mestre-sala na arte de improvisar"*. Era como se, naquele ano, a Mangueira estivesse me dando um enredo de presente. Afinal, não dava para negar que aquele samba-enredo era eu escrito, era meu pai, era minha vida em forma de uma música.

Comecei a ouvir aquele enredo e de repente eu estava chorando. Com dinheiro ou sem dinheiro eu e meu pai jamais parávamos. Nós nunca parávamos.

"Essa é a minha vida. Esse é o enredo da minha vida."

Eu sempre fui adepto do versículo bíblico que dizia: *"com o suor do seu rosto comerá o seu pão"*.

Era nítido que eu estava mais preparado depois de ler o *Geração de valor*. Comecei, a mudar as pessoas que estavam ao meu redor. Eu percebi que inspirava a partir das minhas ações.

Eu descobri que a mentalidade que eu aplicava lá no início, de que trabalhar com a carteira assinada era uma viagem, o *Geração de valor* já falava fazia um tempão. Alguém já tinha escrito aquilo que eu pensava.

Também pude perceber como os vendedores eram empreendedores. Aí virei o cara que pregava esse discurso no calçadão de Copacabana.

"Empreender é pegar o recurso que você tem e fazer a engrenagem rodar com o recurso que você tem."

Enquanto falava, eu pensava que sempre tinha sido empreendedor, desde o dia que comecei a fazer carrinho de rolimã com a madeira lá de casa porque não podia comprar o carrinho dos meninos ricos.

Eu sempre tinha feito a engrenagem girar com os recursos que eu tinha em mãos. Eu era empreendedor desde criancinha. Era o menino que plantava uma horta do lado de casa para vender verdura e comprar carne para os irmãos. Eu era a criança que vendia picolé na rua.

Eu era meu patrão e o *GV* – que é como eu comecei a chamar o *Geração de valor* – ensinava isso. Eu era meu patrão.

Só que eu vi que o vendedor não tinha essa mentalidade. Ele vendia 100 reais na praia de manhã e a noite gastava 100 reais. A primeira coisa que comecei a fazer depois de ler aquele livro foi entender para onde ia meu dinheiro.

Eu sabia que eu era como uma empresa e que, se a empresa falisse, a culpa seria minha. Se fosse bem-sucedida, a culpa seria minha também.

Num dia em que fui buscar água, falei para o Thiago que tinha lido o livro todo e que era muito bom. Afinal, ele quem tinha me apresentado a ideia do *Geração de valor*.

Ele estava carregando uns fardos – e sempre falava muito rápido porque o trabalho não parava por ali – e gritou:

– Rick, você tem que ler o dois e o três.

Eu perguntei:

– Dois e três o quê?

E ele respondeu:

– O *Geração de valor 2* e o *Geração de valor 3*. São as continuações.

Eu perdi o Thiago de vista depois disso, mas não esqueci o seu conselho. Naquele dia, comprei o *Geração de valor 2* e o *3*. Era impressionante como tudo que ele dizia era exatamente a maneira como eu via a vida. Abri justo numa página onde ele tinha escrito:

"Não seja vítima do mundo."

Fiquei lendo cada uma das palavras ali escritas:

"Continue culpando terceiros pelo seu fracasso. Quando chegar ao fundo do poço, você vai se surpreender ao descobrir que existe esgoto no fundo do poço"

Para completar, ele dizia exatamente o que eu sempre pregava. Que deveríamos nos responsabilizar pelos erros que cometíamos.

"Em vez de culpar terceiros, pergunte a si mesmo:

– Onde eu errei?

– Confiei demais?

– Não tinha um plano B?

– Não me precavi nem antecipei tudo que podia dar errado?

– *Não trabalhei o suficiente?*

Os campeões se questionam assim quando fracassam."

Era como se brotasse uma força dentro de mim. Ou melhor, era como se alguém abanasse as chamas que não estavam tão fortes.

Eu não estava sozinho. Mais pessoas pensavam como eu pensava. As outras – que ainda não enxergavam a vida daquela maneira – só precisavam acordar.

Quis Deus que, em nenhum dos três volumes de *Geração de valor*, eu parasse para saber de quem era o livro.

Com "sangue nos olhos", eu comecei a ir à praia vender com uma outra energia. Organizava a galera toda e dizia que eram empreendedores. Mesmo que eles não quisessem enxergar isso.

Era impressionante como a galera tinha uma preocupação com o nome "empreendedor". Ser empreendedor era um nome que ninguém queria dizer, porque era como maldizer uma tradição familiar.

O brasileiro segue uma cartilha. Ele foi programado e isso independe de classe.

O cara nasce, estuda, faz faculdade, passa em um concurso público e fica ali até se aposentar. E o empreendedorismo foge disso tudo. O sujeito nem precisa de faculdade para ser seu próprio patrão.

Muitas famílias têm uma visão distorcida com relação ao empreendedorismo. A família aceita mais você falar que está "trabalhando por sua conta" do que ouvir você dizer a frase:

– Estou empreendendo.

Se você fala: *"eu sou empreendedor"*, a família não aceita aquilo como trabalho. É como fugir de uma cartilha.

"Quando seu cérebro não é estimulado a empreender, muitas oportunidades passarão na sua frente e você sequer vai cogitar a hipótese de aproveitá-las", dizia o livro.

Mães e pais de empreendedores nem pensam em apoiar os filhos, porque não dão créditos para sonhos.

É uma tarefa difícil. O GV me ensinou que, quando você sonha, você vive e normalmente o cara passou no concurso público, mas o sonho dele era ter uma loja de calçado. O cara tá amarrado no concurso público por causa da cartilha. O sonho era outro.

Um jogador de futebol é empreendedor. O cara foi atrás do sonho dele.

O mais impressionante é que, quando ele dá certo, salva a família toda de uma eventual vida mais ou menos. Só que ele vai sozinho. Geralmente, sem apoio. É ele, Deus e uma vontade gigante de seguir um sonho.

Na praia, eu não descansava enquanto não fizesse todo vendedor ouvir o que eu tinha a dizer. Eu começava a falar de empreender e deixava-os ouvirem que precisavam ser mais organizados.

– Mas, Rick, como eu vou calcular meu salário? – Perguntava um.

Eu fazia aquilo desde os oito anos de idade.

– Simples. Você vendeu 100 reais, qualquer quantidade que você vendeu, você vai dividir por três. Vamos imaginar que você vendeu 10 reais. Esses dez reais você divide por três.

A maioria dos vendedores de água não tem instrução. Sujeito é bom para vender, mas não sabe administrar a grana que entra e nunca tem dinheiro.

Por isso, ele tem que recomeçar todos os dias.

– Divido por três todo dia?

Eu reunia a galera e falava com paciência para que eles entendessem. Do meu jeito mesmo, sem qualquer frescura ou papas na língua:

– Vamos dar um exemplo. Se você saiu de casa você vendeu 10 reais, na sua mente, quanto você ganhou?

Ele respondia:

– Dez reais.

– Tá errado! – eu gritava, para todo mundo poder ouvir.

Eles ficavam quietos e tentavam entender.

– Você vai pegar isso, vai dividir por três. E isso eu aprendi com a vida porque eu tinha que aprender. Eu queria calcular meu salário. Dez dividido por três vai dar 3,33. O primeiro 3,33 eu retorno para a empresa. Preciso comprar mais água, ou a empresa fecha.

O segundo 3,33 eu preciso poupar. Eu preciso ter uma poupança para uma emergência que possa surgir. Apenas o outro 3,33 é o que tenho de salário. E desse salário eu tenho que me qualificar sempre.

Comecei a explicar a minha lógica.

– Nos primeiros 3,33, se hoje o fiscal tomar a minha mercadoria, se eu não tenho esses 3,33 guardados, a minha empresa vai fechar. Mesmo se eu não poupar, ainda tenho o meu salário para voltar e comprar mais água. Mas se eu seguir essa cartilha, pegar esses 3,33, pegar água, poupar e tiver salário, essa é a conta básica.

E eu comecei a falar isso e explicar essa conta para vendedor de água. De repente parava um, paravam dois e paravam dez para me ouvir.

Daqui a pouco estava geral me procurando para saber a "conta dos três"

– Mas Rick, hoje eu ganhei dezoito.

– Não interessa. Tem que dividir por três – eu respondia.

– Dezoito divide por três. Seis é seu salário, seis você poupa e seis você investe.

Eles não sabiam fazer essa conta. Os caras precisavam ter organização.

Eu comecei a perceber que o negócio era sério. Não era falta de vontade de aprender. Eles não tinham noção de nada.

Decidi que ia ajudar as pessoas a entenderem esse negócio todo. Eles precisavam fazer um pé de meia, saber pensar em dinheiro para sustentar a família, para levar um sonho adiante. O povo estava vendendo almoço para pagar a janta e não se dava conta de que podia ser diferente.

– Vocês têm que comprar um caderninho para anotar tudo – eu falei.

Eu queria que todo mundo soubesse calcular salário. Se eu sabia aquilo, eles poderiam aprender também. Então, repetia na praia todo santo dia:

– Compra um caderno e começa a anotar tudo.

Expliquei para eles que era para anotar desde o crédito que colocavam no cartão de passagem até a água que tomassem.

– Você tem que saber onde está exatamente cada real que gastou. No final do mês, você precisa saber quanto você gerou, quanto conseguiu poupar e quando teve de salário. Se não souber quanto gerou, não sabe essas informações. Não interessa se você comprou uma bala ou um carro, você precisa saber fazer a conta dos três.

Eu vi que me tornava referência para todo mundo.

Esse vendedor que existia dentro de mim só conseguiu enxergar tudo aquilo e passar para os outros com força, quando leu *Geração de valor*. Porque eu precisava articular o que eu via na venda e capacidade com organização. O *GV* falava isso.

"*Se você for desorganizado você pode ser bom, mas não vai conseguir chegar.*"

Eu sempre achei que a gente precisava ter a cultura do Ubuntu: "*Eu sou porque nós somos.*" Eu só posso ser algo se, no mínimo, eu estimular você a ser alguém também.

Era nessas horas que eu dava tudo de mim não só para vencer sozinho, mas para ensinar a galera da praia como eles poderiam ser melhores. E eu era tão entusiasmado e convincente com aquilo que todo mundo parava para ouvir.

Até que um dia um grupo de turistas do Espírito Santo parou para me escutar. Eles teimaram que eu estava errado e discutiram comigo. Aí eu pensei: "*Cara, eu vou gravar um vídeo para dizer para esse pessoal que a crise tá dentro de nós*". Eu nem suspeitava que o tal vídeo ia mudar tanto a minha vida.

O SONO DOS JUSTOS

A HISTÓRIA QUE PROVA QUE CADA UM TEM A CAMA QUE MERECE

No dia que resolvi procurar uma casa para morar eu tinha 470 reais no bolso.

Não era muita coisa, mas já dava para buscar um aluguel barato e ter um cantinho só meu.

Eu ainda morava na casa da Elizandra, nessa época ainda estávamos juntos, e eu comecei a me incomodar com o fato de ainda estar morando lá, porque não gostava de me escorar nas pessoas. Eu sempre tive um problema das pessoas acharem que eu estivesse me beneficiando de alguém ou de algo de alguma forma.

Nunca fui o tipo de cara sanguessuga ou que tirava vantagem das relações. Era preciso sair de lá, ter meu lugar, e aquela era a hora certa para fazer isso.

Eu descobri que tinha que somar, que tinha os recursos básicos, e resolvi buscar uma casa para morar. Um certo dia, saímos juntos de bicicleta para procurar uma casa, começamos a andar pelos lugares e, em uma dessas andanças, algo nos conduziu até uma determinada casa. Eu sempre tive uma intuição boa para tudo, e quando confiava nela as coisas geralmente davam certo. E algo me dizia que era ali que eu iria morar.

Chamamos no local e surgiu na janela uma senhora de olhar sereno. Essa senhora desceu e se apresentou, ela era a Dona Marialva, a esposa do Sr. Sadir, e era a proprietária das casas.

– Queria ver as casas para alugar – falei, com ar de tranquilidade.

Ela me mostrou as duas que estavam disponíveis e eu falei:

– É essa!

Ela sorriu para mim contente. Eu não tinha a menor ideia de como aquilo ia funcionar, mas algo me dizia que ia dar certo.

– Aqui não faço contrato, a gente trabalha com confiança – ela falou. – Você me paga o primeiro mês adiantado. Assim sempre no começo do mês você me paga mais um e vamos seguindo.

Eram 400 reais e eu tinha 470 reais. Tirei o dinheiro do bolso, paguei e fiquei com a casa.

Entrei ali e me senti bem. Naquele momento era apenas eu, uma bolsa e a caixa de isopor.

Como não tinha cama, tirei a manta verde e rosa da Mangueira de dentro da mochila, dobrei e coloquei no chão. Peguei uma camisa do Cacique de Ramos, coloquei várias camisetas dentro dela e fiz um travesseiro. Essa lembrança é muito forte para mim.

Deitei e achei que ia conseguir dormir. Mas não deu. *"Cara, não dá para dormir nesse chão não"*, pensei.

Era muito duro e gelado e eu não queria aceitar aquilo como realidade. Eu não podia continuar dormindo no chão.

"Cara, amanhã eu vou dormir numa cama".

O único problema é que eu tinha 70 reais. Eu sabia de duas coisas: que o chão era duro, que não dava para dormir mais uma noite naquele chão e que eu queria mais do que tudo uma cama para dormir.

Mas eu tinha 70 reais.

Coloquei na cabeça que eu ia comprar uma cama no dia seguinte. Custasse o que custasse.

Eu não conhecia muito bem a região em que tinha me enfiado. Mas tinha um recurso básico e precisava multiplicar aquele recurso. Tinha descoberto, com a experiência da praia, que o vendedor tinha que começar o dia com 70 reais. Ele tinha que pagar passagem para ir e voltar, tinha que ter dinheiro para comer, comprar a primeira carga de mercadoria e, se desse errado, ele tinha que ir embora depois.

Mas não necessariamente ele precisava daquilo para começar. Para começar era outro formato.

Eu sai com 70 reais e a caixa. Comecei a olhar as placas das lojas. Uma delas, numa praça, tinha uma loja de móveis que ainda estava fechada. Era sábado e o comércio ainda não estava aberto.

Peguei o número e pouco antes das dez da manhã eu liguei.

– Bom dia, quanto custa a cama?

O cara do outro lado da linha foi atencioso. A de solteiro era 200 reais e a de casal, 370.

– Até que horas você fica aberto? – perguntei.

– Até cinco horas – ele respondeu.

Fiz uma conta rápida. Se eu tinha 70 reais e precisava ter, no mínimo, esses 70 reais no dia seguinte para ir para a praia, eu tinha que vender quase 500 reais, porque de uma coisa eu tinha certeza: eu queria comprar aquela cama de casal. Eu não ia dormir no chão.

Então peguei água na Central e não conseguia enxergar nada além da cama. Eu vendia água pensando na cama. Não parava um minuto. Ia até o depósito buscar mais carga, mentalizando "*cama, cama, cama*".

Eu vendia sem parar nem por um minuto e quando deu três horas da tarde olhei para o relógio. "*Tenho que parar um pouco, porque tenho que raciocinar aqui. Se der eu vou comprar a cama de casal. Se não der, eu vou ter que comprar a de solteiro, mas eu vou dormir na cama*"

Coloquei a caixa no chão, fiquei de olho para ver se não havia fiscal por perto, pois eu era um ambulante e ambulante não pode colocar a caixa no chão, olhei pro mar e comecei a contar dinheiro. Cada nota eu vibrava e quando acabei de contar eu quase gritei de alegria.

Tinha 580 reais.

Peguei o celular e liguei para o cara da cama.

Enquanto tocava, eu ia calculando o tempo de deslocamento até a loja.

– Cara, você tá aberto até que horas? São três horas da tarde eu estou em Copacabana e, se você ficar aberto só até as cinco, eu estou com medo de não conseguir chegar, mas eu vou tentar.

O vendedor me ouvia falando quase sem respirar e então respondeu:

– Você é o cara que ligou aqui de manhã?

Eu abri um sorriso que ele deve ter visto de lá, de tão feliz que estava.

– Sou eu mesmo.

Então, ele disse:

– Cara você está com tanta vontade de comprar essa cama que eu vou esperar você. Vou dispensar meus funcionários e esperar você chegar.

Era Deus agindo. Eu agradeci e desliguei o telefone.

Peguei um ônibus em Copacabana, desci no centro, peguei uma van, cheguei na loja e só estava o cara lá. Era mais de sete da noite.

Respirei fundo e falei para ele:

– Eu quero a de casal.

Ele abriu um sorriso, mas tinha alguma coisa que queria me dizer.

– Sabe, só temos um problema.

Eu suspirei. Não era possível. Tinha feito tudo que era possível para dormir na cama. O que era o tal do problema?

– Eu até te esperei, mas vou ter que entregar essa cama na segunda, porque foi todo mundo embora... inclusive o cara que faz as entregas.

Fiz um esforço grande para não chorar. Não podia deixar aquilo ser uma derrota.

– Eu não estou acreditando que eu vim até aqui e vou dormir no chão.

Ele me olhou surpreso.

– Mas pô, cara, você tá dormindo no chão?

Aí eu expliquei a história toda para ele, que tinha acabado de mudar, tinha dormido a noite anterior no chão e tinha prometido para mim mesmo que não dormiria essa noite no chão.

Ele ergueu a sobrancelha. Estava impressionado com toda aquela saga.

– Então, irmão, eu tenho meu carro. Se você não se importar a gente amarra essa cama em cima dele e vai.

Eu comecei a rir. Um riso descontrolado, feliz, um riso de quem venceu.

– Irmão, eu vou até segurando essa cama na janela se for o caso.

Então, ele amarrou a cama em cima do carro e eu fui segurando de um lado enquanto ele dirigia com uma mão e segurava com a outra.

– Nós vamos ser é presos – eu falei.

– Cara, nem que eu tome uma multa. Mas você vai dormir nessa cama hoje.

Quando chegamos na casa e eu vi aquele manto da Mangueira estendido no chão, coloquei a cama ali e fiz uma foto.

Era uma foto que representava muito para mim. Aquela foto simbolizava que eu tinha vencido um desafio. Que eu tinha conseguido bater a minha meta, que eu tinha sustentado meu objetivo até o final. Aquela foto mostrava que eu tinha dormido no chão, mas que nunca ia aceitar aquilo como realidade. Aquela foto dizia: *"Hoje vou dormir na cama"*. E dormir na cama não tinha preço. Era uma vitória. Era o sono dos justos, o sono da consciência tranquila. O sono de um vencedor que não tinha desistido diante de uma situação que parecia difícil.

Eu tinha acordado com 70 reais e tinha conquistado a minha cama com o suor de um dia de trabalho.

Deitei na cama e fiquei perdido nos pensamentos. Na verdade, nos sonhos.

Quem sonha sempre pensa onde quer chegar e naquela noite eu planejei comprar um fogão no dia seguinte, e uma geladeira na outra semana.

Eu queria cozinhar, queria guardar minhas coisas, queria ter uma casa digna.

Três dias depois eu já tinha a geladeira, uma semana depois eu tinha o fogão.

Hoje eu tenho a casa completa e digo que tudo que está lá dentro eu comprei no dinheiro, sem prestação nem nada, com suor do trabalho em Copacabana.

Eu tenho um cuidado muito grande com esses pertences porque foram as coisas que adquiri logo que permiti que o empreendedor aflorasse dentro de mim.

Aquela cama vale muito mais do que eu paguei por ela, e o valor que ela tem para mim dinheiro nenhum no mundo paga.

O VÍDEO DA ÁGUA

Com o perdão da palavra, eu estava de saco cheio da galera que falava em crise o tempo todo, não fazia nada, e nem levantava a bunda da cadeira para mudar as coisas.

Eu via os caras seguindo o que eu dizia e mudando de vida, pensando de outro jeito, se organizando, anotando os gastos, calculando salário, multiplicando seus ganhos. Via amigo crescendo, mudando o jeito de pensar, parando de reclamar, criando possibilidades. Sabia que precisava dizer aquilo para mais gente.

Copacabana estava pequena para mim. Eu precisava ampliar. Era a hora de gritar mais alto.

Desde o dia que tinha começado a cuidar da comunicação da Nação Mangueirense, eu me empenhava nas redes sociais deles, só que nunca tinha colocado força na minha. Sabia todos os recursos das redes, dos vídeos, e tinha muita capacidade para criar roteiros. Eu era uma pessoa preparada, que via que tinha que criar um instrumento para acordar o gigante dentro das pessoas.

Meu Instagram tinha uns 800 seguidores e naquele dia cheguei da praia e mais uma vez senti Deus tocando o meu ombro e dizendo: *"Eu vou começar a te mostrar o que é Lei da Semeadura. Sua colheita começa aqui."*

Aí, resolvi gravar um vídeo.

Eu sempre quis ter em casa uma sala só com televisão e um carpete cheio de almofadas. Como eu tinha poucos recursos, eu pensei: *"Vou fazer essa sala. Vai ficar mais barato, inclusive"*.

Eu tinha um carpete e um rack. Coloquei o celular em cima do rack e apertei o play.

Nesse dia, os caras já me seguiam da rua porque levavam a caderneta e queriam que eu os ajudasse a calcular salário. E todo mundo continuava falando que o Brasil estava em crise.

Não programei nada. Era tão fácil falar aquilo que eu liguei a câmera e comecei:

"Se você mora no Rio de Janeiro e está desempregado, vou te falar o que você tem que fazer. Arruma 10 reais emprestado, vai para a Central do Brasil amanhã e compra uma mala de água mineral e meio saco de gelo. Pega tudo e vai para Copacabana.

Cedo.

Chegando lá. Vamos considerar que você vai vender tudo a 4 reais e vai tomar duas águas. São dez águas, 40 reais, você investiu 10, são 300% de lucro.

Tu volta para o centro compra um isopor de 25 litros por 18 reais e sobram 22 reais, tu vai para casa com essa grana, descansa e no dia seguinte vai para o centro novamente. Compra duas malas de água mineral, meio saco de gelo e vai para Copacabana. São 24 garrafas de água mineral, você considera que vai tomar duas. São 22. Se vender tudo por 4 reais, são 88 reais. Com 7 que sobrou de ontem, são 95 reais. Você teve lucro de 850%.

Aí, você volta para casa, pega 10 reais, devolve para aquele maluco que te emprestou – isso se chama manter as portas abertas – aí você tem ainda 750% no bolso.

Aí, no dia seguinte vai para o centro novamente.

Ah, vender água não dá para você não? Então a crise não está no país, está dentro de você.

Pega a visão"

Postei o vídeo e fui para casa da Elizandra. Sinceramente eu jamais imaginava que o tal vídeo pudesse causar tanta repercussão. Era mais um desabafo do que qualquer outra coisa. Para mim era apenas mais um vídeo.

Durante a noite o vídeo estava em alguns grupos de WhatsApp. Soube disso porque uma pessoa me ligou e disse:

– Recebi esse vídeo. Esse cara é você?

Eu dei risada e falei que sim.

Pensei que alguém pudesse ter enviado para o Grupo da Mangueira e salvo, mas não dei muita bola.

No outro dia eu fui para praia e as pessoas me olhavam de um jeito diferente.

– O vídeo da água. Você que postou o vídeo da água! – Era o que eu ouvia o povo falar.

Eu achei interessante, mas ainda acreditava que era tudo dentro daquele universo de Copacabana.

Aí três dias depois que eu postei o vídeo da água, mais precisamente no dia 1º de abril, um cara chamado Flávio Augusto da Silva postou esse vídeo no Instagram dele, dizendo:

"Gostaria muito de saber o nome desse rapaz do vídeo para dar o crédito. Apesar de usar uma linguagem bem simples, ele demonstra visão estratégica, dá uma solução possível para a prospecção do capital para iniciar o negócio, tem estratégia, propõe uma execução com detalhe na distribuição do produto, projeta um retorno factível e acima das maiores médias do mercado e, por fim, elucida o caminho das pedras para empreender um negócio: muita disposição e resiliência. Para finalizar, depois de provar matematicamente ser possível executar o plano de negócio, desafia todos a deixarem a autoridade de lado e afirma que a crise está em quem não está disposto a pagar o preço para fazer seu projeto acontecer. De vender água em Copacabana até criar uma grande empresa, os princípios para o sucesso são os mesmos. Parabéns, campeão!

Ass: Flávio Augusto da Silva, Geração de valor."

Eu não tinha visto esse post, nem sabia quem era o Flávio Augusto.

Meu celular começou a tocar e eu passei a receber a mesma mensagem de todo mundo:

"O Flávio está te procurando"

Eu me perguntava: *"Quem é Flávio?"*

Só que aquilo começou a ser mais constante. Eu fiquei intrigado. Era muita gente falando do tal do Flávio.

"O que eu fiz?", comecei a me perguntar.

Eu recebi, em um intervalo de umas duas horas, duzentas mensagens e ligações.

Só que preto, favelado, sabendo que tem um cara importante procurando, logo pensa: *"Ferrou. Alguma coisa eu fiz errado".*

Um amigo disse:

– Cara, seu vídeo tá bombando. O Flávio quer falar com você.

Eu fiquei tão preocupado que nem trabalhar eu conseguia mais. Parei tudo que estava fazendo e fui para casa.

A essa altura do campeonato alguém já tinha mandado o endereço de minha página para o tal do Flávio.

Quando abri meu Instagram, já tinha milhares de pessoas me seguindo e um monte de gente mandando mensagem pelo Direct. Eu não sabia que o Flávio Augusto da Silva era justamente o autor do *Geração de valor.*

Então, fui lá e abri a mensagem do Flávio.

"Querido Rick, estarei no Brasil a partir de 5 de maio e gostaria de te encontrar para batermos um papo e compartilhar algumas ideias com você."

Fiquei mais tranquilo e no outro dia acordei e fui para o depósito buscar água.

O Thiago quase despencou da pilha de mercadoria para vir falar comigo.

– Rick do céu. O Flávio Augusto está na sua cola!!!

Eu olhei para ele e contei que tinha conversado com um cara que se chamava Flávio.

Ele balançou a cabeça, pegou meu celular e disse olhando nos meus olhos:

– Rick deixa eu te explicar uma coisa. Sabe o Kaká jogador? Ele jogava no Orlando City, você se lembra disso né? E eu disse:

– Sim, Thiago.

Ele continuou:

– Pois bem, o Flávio Augusto é dono do Orlando City. Sabe essas redes de escolas de inglês: Wise Up, You Move, Number One? É tudo do Flávio Augusto. Esse cara comprava relógio aqui no centro do Rio de Janeiro, e hoje é bilionário, chegou lá. Por isso que falei que você tinha que ler *Geração de valor*. Ele que escreveu *Geração de valor*, Rick.

Fiquei atônito com o que ele falou, mas continuei quieto, sem expressar nenhuma reação.

Ele continuou:

– Meu sonho é conhecer o Flávio Augusto e ele está te procurando.

Vale lembrar que nessa época eu tinha voltado a não me deslumbrar com nada. Tinha ficado tão decepcionado com essa vaidade toda de política, que pensei *"nada vai fazer com que eu me perca de novo, essa história do Flávio é muito bonita, mas eu vou continuar focado em vender minha água".*

– Tá, Thiago, beleza, vou responder à mensagem do Flávio.

Eu respondi a mensagem do Flávio da seguinte maneira:

"Obrigado por você ter compartilhado meu vídeo", mandei o meu telefone e voltei para praia para vender água.

Só que quem disse que eu conseguia vender água? Todo mundo conhece o Flávio Augusto.

– Mangueira, o cara tá te procurando.

De repente surgia um cara do nada e dizia:

– Amigo, *cê* é louco! Está fazendo o que aqui, irmão? O cara mais foda do empreendedorismo está te procurando e você nessa tranquilidade toda, vendendo água. Nada mais nada menos que Flávio Augusto da Silva quer falar com você.

Todo mundo continuava a me avisar que eu estava sendo procurado pelo Flávio.

Quando eu cheguei em casa, o Geraldo Rufino já tinha compartilhado o vídeo e o Daniel Alves, da Seleção, também. Pronto, de um segundo para o outro o rosto do vendedor de água estava em tudo que era página nas redes sociais.

Isso tudo aconteceu justamente no dia que eu estava assistindo a um vídeo em que a cantora Maria Bethânia falava o seguinte:

"O ser humano tem que saber exatamente o tamanho dele. Nem para mais, nem para menos. Exatamente o tamanho dele"

Eu guardei aquilo para mim. Eu era o vendedor de água. Eu sabia o meu tamanho.

Por outro lado, as pessoas começavam a me perguntar qual era o segredo para que o vídeo tivesse tanto alcance. Eu dizia: não existe segredo. Cada um tem que buscar a sua técnica para vender o que vende. Tem que se preparar e ser você mesmo. Não tem segredo ou fórmula mágica. Tem que reunir força no que tem para fazer e ter autenticidade. Ser você mesmo. Isso é avassalador no que você se propuser a fazer.

Não copie os outros. Você pode ter seu espaço independente do outro. A frase do fulano de tal é linda? Faz a sua frase. Não use a do outro.

Você tem que se propor a correr riscos para ser pioneiro. Não adianta ser muito bom, mas ser parecido com o fulano de tal.

Cada um tem que buscar a sua técnica para vender o que vende. Tem que se preparar e ser você mesmo. Não tem segredo ou fórmula mágica.

Tem que reunir fé e acreditar no que tem para fazer e ter autenticidade. Ser você mesmo. Isso é avassalador no que você se propuser a fazer.

Tem que ter autenticidade, tem que ser autêntico.

EU PRECISO ACORDAR ESSA GALERA

"Esse cara pode ter acertado nesse vídeo, mas vamos devagar, pode ser cantor de uma música só."

Li aquele comentário infeliz com uma angústia dentro do peito. Era comum que pessoas entrassem na internet para criticar o que as outras fazem, mas eu não conseguia entender que prazer elas tinham em duvidar de que alguém podia ter feito algo de bom.

Não pensei duas vezes e excluí o comentário. Só que ele já estava lá, impregnado na minha mente.

O vídeo da água tinha feito tanto sucesso que eu tinha dez vezes mais seguidores em menos de uma semana. As pessoas me escreviam, compartilhavam suas histórias comigo e aquele único comentário, que me criticava e colocava em xeque que o que eu estava fazendo era genuíno, me desestruturava.

O pior de tudo é que ele tinha escrito *"tem que ver se não é cantor de uma música só"*.

Engasgado com a crítica, decidi que a partir daquele dia ia começar a gravar todos os dias vídeos com o que eu falava pros meus amigos vendedores. E assim criei em minha página o *Minuto do empreendedorismo*.

Enquanto isso, se aproximava o dia de meu encontro com o Flávio Augusto em Curitiba. Nos conheceríamos pessoalmente.

A única pessoa que sabia os bastidores dessa saga com o Flávio Augusto era o Thiago, afinal, ele havia me apresentado ao Flávio

Augusto em forma de livro, muito antes do próprio Flávio vir falar comigo.

Os dias foram se passando e eu comecei a gravar vídeos de temas diferentes em dias sequenciais. Todos eles bombaram e foram compartilhados por milhares de pessoas. Com isso, o meu *Minuto do empreendedorismo* ia ganhando corpo e meu nome ia ganhado ainda mais peso. Um desses vídeos fazia muito sentido para mim e mostrava exatamente a minha forma de pensar de um jeito simples.

O nome do vídeo era "Levanta e anda", tinha apenas um minuto e dizia o seguinte:

O cara com o mínimo de dinheiro pode comprar um litro de leite por 2 reais, um abacate por 2 reais, uma lata de leite conden-sado por 3 reais e cem saquinhos de sacolé – ou geladinho, como preferir.

Com um litro de leite e um abacate dá para fazer trinta sacolés. Vamos imaginar que eu fosse vender por 2 reais. Eu venderia os trinta e voltaria com 60 reais. Isso para você entender que para começar um negócio não tem a ver com ter muito capital, tem a ver com pensar o recurso que você tem naquele momento e começar. Não ter vergonha de começar de baixo e da base.

Com esse exemplo, muita gente entendeu o que eu queria dizer, mas teve um contraponto interessante. Um comentário de que se eu usasse água e açúcar ao invés de leite condensado e leite, o sacolé teria um custo menor.

O que eu fiz foi gravar um segundo vídeo como continuação deste, dizendo o meu ponto de vista, que era o seguinte:

Você pode até fazer com açúcar, água e abacate, mas vai ter um sacolé com uma qualidade inferior e com uma possibilidade de saída menor.

Quando você faz um sacolé com leite e leite condensado o que você fez foi agregar valor ao produto e, consequentemente, a qua-lidade do produto aumenta, a aceitação do mercado aumenta e a probabilidade de vender também aumenta e até a margem de lucro aumenta, porque você tem a possibilidade de vender por um valor superior. Resumindo, é assim: toda vez que você puder agregar valor ao seu produto, agregue.

Cada vídeo que eu postava, eu ia tendo novas sacadas. Eu dizia que o verdadeiro empreendedor é aquele que jamais perde a visão do consumidor de um jeito simples, explicando a própria venda do sacolé:

"Antes de colocar os 30 sacolés no mercado, você precisa consumir o sacolé e depois de consumir, deve ser verdadeiro e responder às três seguintes perguntas para si mesmo: primeiro; você compraria aquele sacolé novamente? Segundo: você levaria para sua casa para sua família consumir? Terceiro: você apresentaria aquele produto para seus amigos?

Se a resposta for sim, leve o produto ao mercado. Se a resposta de qualquer uma destas perguntas for não, pegue esse produto e refaça antes de levar ao mercado. Isso vale para qualquer produto. Água, cosmético, sacolé. Para qualquer coisa."

Foi assim que os compartilhamentos se multiplicavam a cada dia. Era como se eu provasse para mim mesmo que eu não era um cantor de uma música só. Comecei a perceber que as pessoas queriam ouvir o que eu tinha a dizer. Que a mesma maneira de calcular salário para o vendedor de água podia ser aplicada na vida de qualquer empreendedor, que a mesma forma de encarar a vida, de se lançar às oportunidades que surgiam, eram inspiradoras para o cara da favela e para o cara do Leblon.

E não era só o Rio de Janeiro que tinha se rendido ao Rick. O mundo todo estava ligado no que eu estava dizendo. Tanto o Flávio, com o *Geração de valor*, quanto craques da seleção e líderes de grande expressão tinham sido responsáveis por espalhar meu conteúdo. Sempre eram pessoas que tinham saído de lugares ou situações semelhantes das de onde saí e sabiam que eu estava falando de causa vivida.

Quem é de verdade conhece quem é de verdade. Naquele instante, aquela era a minha verdade, mas aos poucos notei que era também a verdade e a realidade de outras tantas pessoas. E esse era o motivo de tamanha identificação e aceitação do conteúdo.

Aí me liga um cara que chama Francisco Lobo. Atendi e ele parecia entusiasmado em falar comigo:

– Rick, eu quero contratar uma palestra sua.

Parei por um segundo e disse que estava ocupado e ia retornar depois, mas na verdade é porque eu não sabia quanto ia cobrar numa palestra.

Eu sabia falar, sabia que as pessoas paravam para me escutar e que o povo de Copacabana tinha gostado do meu discurso. Sabia que meus vídeos estavam bombando na internet e principalmente que eu queria acordar o gigante adormecido dentro da galera.

Eu precisava topar aquela parada.

Mas a pergunta era: quanto eu iria cobrar por uma palestra?

Sem saber a resposta, retornei a ligação. Tinha um valor em mente. Mil reais. Mas já ia deixar claro, se ele não topasse, que qualquer coisa, eu ia por menos.

Eu aprendi com meus erros que não podia achar que eu era maior do que era. Então fiz exatamente daquele jeito.

– A palestra é mil, mas se achar que tá caro, a gente revê.

Ele mandou 700, pagou passagem e eu falei por uma hora. Para mim, eu estava no lucro. 700 reais para falar por uma hora, e ainda andar de avião, era a melhor coisa que podia me acontecer.

Só que depois dele, outras pessoas começaram a ligar. Pediam o valor da palestra, ofereciam a passagem aérea e ninguém nem pensava duas vezes em topar o valor.

Até que ligou o Reinaldo Lopes de Rio Claro, São Paulo. Conforme ele conversava comigo, parecia apressado em mandar o contrato. Assinamos e ele ligou de volta:

– Rick, deixa eu te falar uma coisa. Você não pode cobrar mil reais numa palestra...

Achei que ele tinha se arrependido, quando ele continuou:

– Você cobra muito barato. Todo mundo quer você no evento. Eu queria te mandar o contrato para você não mudar o meu preço. Inclusive, se você quiser mudar o meu valor, pode falar, que eu vou mudar, mas eu precisava te falar isso.

Respirei fundo, tentando assimilar o que tinha acabado de ouvir. Nunca tinha pensado que alguém pudesse pagar mais que isso para me ouvir falar.

– Não cara, o seu preço continua. Você já me pagou, com essa informação, que agregou valor no que eu faço.

Fiquei ali matutando por duas horas até que recebi outro telefonema.

– É o Rick?

Ele queria me contratar e eu sabia que mil reais era um valor pequeno, porque o Reinaldo tinha acabado de me passar aquela informação. Mas quem disse que eu conseguia dizer 5 mil reais?

Com medo de perder a oportunidade, passei o valor de três mil. Por mais incrível que aquilo pudesse parecer, o cara mandou o contrato na hora.

Eu estava me preparando para a reunião com o Flávio. Ia embarcar para Curitiba, então não marquei mais nenhuma palestra. No dia que cheguei lá eu já era grande na rede social, a galera me chamava de *digital influencer* e eu já estava até recebendo prêmio.

Mas eu era vendedor de água. Não esquecia daquilo.

Fui conhecer a empresa do Flávio e fiquei surpreso com a recepção. Nunca tinha visto um lugar com tanta gente com brilho no olhar. Parecia que todo mundo sabia para quem trabalhava. Eu nunca vi nada tão organizado. Nunca tinha visto um lugar com tanta gente feliz trabalhando.

Ele tinha pedido que fizessem um *tour* comigo pela empresa e eu fiquei andando por duas horas lá dentro até encontrá-lo. Quando eu vi um sujeito saindo do elevador e vindo em minha direção, já sabia que era ele.

Ele me deu a mão, me olhou no olho e me abraçou, chamando a atenção do setor que estava ali.

– Vocês estão vendo esse cara aqui? Guarda o rosto desse cara aqui, esse cara aqui vai bombar.

Eu fiquei arrepiado e um filme passou na minha cabeça. Eu via o Thiago falando "lê *Geração de valor*", lembrava de tudo que eu tinha falado para os meus colegas de praia, como a visão desse cara tinha me dado força para continuar, para enfrentar a vida com coragem e para entender que eu não estava falando abobrinha nenhuma. Tudo que eu acreditava estava escrito nos livros daquele cara, que também tinha vindo lá de baixo e crescido com sangue e suor.

Fomos para uma sala reservada e sentamos. Me sentia num filme. Tiraram fotos, as pessoas serviam café, era tudo muito organizado. Quando estávamos só nós dois, ele sorriu e me disse:

– Me conta, quem é o Rick?

Ele quis saber quem era o Rick de verdade, por trás daquele perfil, e eu contei toda a minha história. Resumi de onde vim, contei os erros que cometi e como tinha ido parar em Copacabana para vender água até descobrir o *Geração de valor*.

Conforme eu contava da descoberta do livro, ele deu um pulo:

– Opa! Fico feliz em ouvir isso! Bom saber que eu estava no meio dessa história!

Hoje sei que descobri o Flávio antes mesmo de ele me descobrir. Mesmo sem saber quem ele era, ele tinha influenciado na minha maneira de agir.

Assim que terminei de falar, ele disse que sabia um pouco da minha história, mas queria saber da minha boca. E em seguida disse:

– Agora deixa eu me apresentar! Vou falar quem é o Flávio.

Cada palavra que ele dizia me deixava ainda mais emocionado. Era uma honra estar diante de um cara que tinha tanta visão. Quando acabou de contar sua história, ele inclinou o corpo para frente e falou:

– Deixa eu te explicar porque eu te chamei aqui... Você é a pessoa do meio. Está entre a direita e a esquerda desse país e fala para o povo que tudo que o ser humano precisa está dentro dele. Sua linguagem simples e total domínio de raciocínio te conduzem a um ambiente privilegiado. Não tem ninguém fazendo nada parecido. Você conseguiu criar sua própria fórmula de mandar muito bem o seu recado. Um verdadeiro tapa na cara de muita gente. Parabéns!

E continuou:

QUALQUER
SER HUMANO
PODE CHEGAR A
QUALQUER LUGAR,
INCLUSIVE NUM
LUGAR ÚNICO,
EXCLUSIVAMENTE
BASEADO EM
SUAS ESCOLHAS.

– Tem coisa que a classe C fala que a classe A odeia, tem coisa que a classe A fala que a classe C odeia, mas pouquíssimas são as pessoas que agradam a classe C e a classe A. O que você fala atinge todo mundo.

Respirei fundo. Eu quase não tinha ar.

Eu o interrompi por um segundo.

– Flavio, sabe o que me seduz? Não é a oportunidade de ganhar um milhão. É saber que a minha caixa de isopor está lá em casa e, se tudo der errado eu sei onde vende água, eu sei onde vende gelo. É a minha certeza que se tudo der errado eu vou construir tudo mais uma vez e sei de onde recomeçar. Nunca vou culpar ninguém, vou levantar e vou andar.

Ficamos nos olhando durante alguns segundos até que ele disse:

– Se você pegar minha página do *Geração de valor* verá que eu só posto conteúdo autoral. Seu vídeo é o único conteúdo que está lá e que não fui eu quem produzi.

Então ele fez uma proposta que nem nos meus maiores sonhos eu teria em mente.

– Eu quero te trazer para o *Geração de valor*. Eu sempre procurei alguém e esse cara é você. Que bom que na sua história já tinha o GV.

Talvez eu tenha ficado fora do ar durante alguns segundos porque não esbocei qualquer reação.

– Você tem algum projeto? – Ele perguntou, para me trazer de volta para a conversa.

Não precisei pensar para responder.

– Eu preciso acordar essa galera. Essa galera está deitada esperando a crise passar. Eu preciso levantar essa galera.

Ele abriu um sorriso.

– Você já está fazendo isso – e continuou – Você não tem noção do que você está fazendo. Seus vídeos estão rodando o mundo.

Nossa conversa inevitavelmente foi para as palestras. Eu quase morri de vergonha ao contar que tinha cobrado mil reais para falar por uma hora, mas abri o jogo. Eu não era daquele mercado. Era que nem aquele vendedor de água chegando nas areias de Copacabana e vendendo a água a 2 reais enquanto todo mundo estava acostumado a comprar por 4.

Expliquei que já estava escrevendo um livro com a minha história e ele fez uma proposta:

– Você aceitaria ter toda semana duas horas de mentoria comigo? Vamos editar seu livro numa editora profissional? Eu te ajudo e vou dando uma mentoria enquanto as coisas vão evoluindo. Que tal?

Nem preciso dizer qual foi minha resposta, né!

Depois que terminamos a conversa, ele perguntou o que eu tinha achado da reunião. Eu não queria desapontá-lo, mas usei de toda franqueza que eu tinha:

– Olha, Flávio, eu vou lá na casa do meu pai, vou ouvir meu pai e dependendo do que ele me falar disso tudo, eu te dou a resposta. Meu pai é meu pai. Eu sempre errei tanto por não ouvir meu pai. Eu preciso saber a opinião dele sobre.

Ao invés de fechar a cara, ele abriu um sorriso ainda maior:

– Cara, parabéns, você realmente tem os dois pés cravados no chão.

Antes de ir embora, gravei um *Minuto do empreendedorismo* para o meu canal e como disseram meus seguidores "zerei o game".

Eu estava expandindo meu empreendimento de um jeito que qualquer um poderia expandir. Desde que tinha postado o vídeo da água, as pessoas pegaram a visão daquele vídeo e o compartilhavam mundo afora. Se naquele momento eu tinha oitocentos seguidores, aquele número só crescia. Eu entendia que para expandir um negócio era necessário acreditar. Se você acredita em alguma coisa, vai para cima com toda sua energia, porque ele se expande. Isso vale para um vídeo, para um produto, para uma ideia, para um negócio.

Aí começou a brotar pessoa de tudo quanto era lado e eu precisei me acostumar com outro desafio: conseguir diferenciar joio de trigo, falar não para as pessoas de forma delicada, sem constrangê-las. Sem dizer *"não é assim que eu trabalho"*.

Eu precisava manter o padrão *Geração de valor* de ser.

Eu sabia disso antes, mas isso trazia muita responsabilidade a partir daquela reunião.

Enquanto embarcava de volta para minha terra, eu pensava em tudo que tinha acontecido, em tudo que o Flavio tinha dito... E chorava ali dentro do avião, como uma criança de colo. Ninguém entendia nada, as pessoas me perguntavam se eu estava passando mal, a tripulação toda preocupada e por várias vezes me perguntando se eu estava bem. Eu respondia que sim, era um choro bom, um choro de emoção. Eu queria minha filha ali, para eu chorar no colo dela. Ela sempre foi o meu porto mais seguro. E ao mesmo tempo eu repetia em silêncio: *"Nunca tinha sido sorte. Eu merecia estar onde eu estava"*. Simples assim.

MAKTUB

Quando a vida quer que pessoas de bem se encontrem, ela desenha o encontro destas pessoas e quando Deus escreve isso, as pessoas simplesmente se esbarram.

Eu acredito que o meu encontro com o Flávio Augusto estava escrito no que chamo de livro de Deus.

Nós dois estávamos no mesmo local, desenvolvendo a mesma atribuição de "comprar algo no centro para vender em outro local, em épocas diferentes". Dois brasileiros, dois predestinados, dois vencedores, dois sonhadores, dois "da Silva".

Por isso nossa história se parece até no livro, porque quando li *Geração de valor*, muita coisa que eu pensava em escrever, também já estava escrito.

Então, esse encontro foi para mim um *Maktub*. Já estava escrito.

Saindo das relações interpessoais e profissionais e levando para os relacionamentos amorosos, também tive encontros arquitetados por Deus, que fizeram com que eu me desenvolvesse de alguma forma.

Todos os encontros da minha vida tinham sido arquitetados por Deus. E até mesmo os relacionamentos conjugais que tinham terminado seu ciclo, tinham acontecido por algum motivo e todos eles tinham trazido algum aprendizado e sido importantes em momentos distintos da minha vida.

PARA DARMOS UM 'JEITO' NO BRASIL PRECISAMOS PRIMEIRO EXTERMINAR A PRÁTICA DO 'JEITINHO BRASILEIRO'.

Todas as mulheres com as quais eu tinha me relacionado foram pessoas que Deus colocou em minha vida. A Renata foi a "águia" que se tornou minha primeira esposa e com quem tive a felicidade de dar vida à nossa Ludmyla, a "Negona do Pai Dela". Ela foi extremamente importante na minha vida.

Independentemente da distância que estivéssemos um do outro, ela sempre torceu por mim incondicionalmente. Sempre foi assim.

A Poliana Martins da Mata, que de forma carinhosa eu chamava de "Cara redonda", foi minha segunda esposa e foi uma parceira incondicional em tudo que fiz na política e nas quadrilhas juninas. Era uma guerreira. Tão companheira que, se eu estivesse em uma praia e resolvesse nadar até uma ilha e a chamasse para ir comigo, ela diria:

"Olha, meu bem, eu não sei nadar, mas se você me disser que dá para chegar naquela ilha, eu pego na sua mão e vou com você". Ela era essa pessoa. Nosso maior erro foi que não tínhamos o nosso projeto. Nós vivíamos em função da política e das quadrilhas juninas. Nos perdemos enquanto casal por causa desses dois fatores.

Depois veio a Mirian Melissa. Ela foi a pessoa que direta ou indiretamente me mostrou que eu não precisava de quadrilha, política, me mostrou que eu não precisava destas coisas, ela tinha certeza que eu era capacitado demais e que não devia me apegar tanto a tudo aquilo. Foi ela que me fez entender que eu podia destinar minha energia a um projeto próprio.

Ela foi uma tempestade que veio e me mostrou que eu não precisava desse tipo de vida. Foi um período mágico e tenho uma gratidão enorme por ela e por toda sua família.

Com a Elizandra fiquei exatamente um ano. 365 dias, mas foi via Elizandra que me vi enquanto vendedor, me descobri enquanto guerreiro. Somou muito na minha vida e agregou valor na minha caminhada.

Estas pessoas não encontrei casualmente pela vida. Deus colocou cada uma delas em meu caminho para que elas me ensinassem e agregassem valor à minha vida de alguma forma.

Sou feliz por ter tido a oportunidade de viver com cada uma destas pessoas.

O que se espera de um fim do relacionamento é que venham ataques, ofensas ou coisas do tipo. Mas eu prefiro aceitar os erros, corrigi-los e não cometê-los novamente. E seria um erro irreparável não citar essas pessoas neste livro, menosprezar a importância de cada uma delas em minha trajetória. Deixar de citá-las seria negar a infinita contribuição delas em minha caminhada.

Eu costumo chamar isso de *Maktub*.

Maktub significa "estava escrito".

Muitas vezes em nossas vidas teremos oportunidades de encontrar pessoas que serão peças-chave em momentos de virada e, quando trocamos experiências com estas pessoas, elas se tornam parte de nós, transformando nossa trajetória e ajudando a criar novos capítulos para nossas vidas.

PLANTANDO A SEMENTE

De volta a Minas Gerais, eu não era nem de longe aquele derrotado que tinha chegado lá da última vez e saído com 200 reais rumo ao Rio de Janeiro.

Eu tinha um sonho, eu tinha um projeto de vida e eu estava lutando por algo. O brilho no olhar de quem luta por algo não se transfere.

– Pai, preciso da bênção e do conselho do senhor para tomar uma decisão importante.

Sr. Roxo estava tomando a cervejinha dele do final de tarde e olhou para mim com tranquilidade:

– Fala, meu filho. O que foi?

Ele sabia que não era problema, porque eu já tinha aprendido a lidar desde a última vez que estivera lá. Ele tinha me ensinado a sentar, ver a consequência do problema, ver o que tinha que ser feito e entender o que precisava fazer para resolver o problema.

Eu já sabia resolver problemas, então não estava ali para resolver um.

Era como se as palavras dele já estivessem implantadas em mim: *"Se você está participando, para, porque o erro pode estar em você. Aí você vai fazer a correção do erro"*.

Era isso que eu sempre fazia.

Ele também sabia que não era nada ruim, porque eu não estava para baixo.

109

Meu pai era um cara que sabia conversar com os filhos desde que a gente era criança. Ele sempre teve muito cuidado para passar para os filhos quando tinha uma carga e ele sempre ensinou isso para gente. Mesmo com medo de morrer antes da minha mãe, ele sabia dizer isso sem sofrimento.

A preocupação dele era tão grande que ele tinha medo de morrer e a gente não conseguir tocar. No nosso caso era a obrigação. A gente tinha que estar pronto.

"Se faltar a sua mãe, você tem que estar pronto". Isso não criava uma tensão. Pelo contrário; nos chamava para responsabilidade. Meu pai nunca nos cobrou nada. Ele nos passava a visão de outra forma.

Ele não dizia *"já pensou se eu morrer?"*, ele falava *"Eu posso faltar aqui a qualquer momento"*.

Sr. Roxo sempre passava isso com muita cautela e a gente sempre conversava muito. Ele era nosso melhor amigo. Uma das coisas que eu tinha aprendido com ele era que eu sempre deveria estar pronto.

A pior coisa que pode acontecer pro empreendedor é quando o momento dele chega e ele não está pronto. O mundo pode resolver empreender na sua área, mas se você estiver pronto você vai chegar primeiro.

Exemplo do que é estar pronto: Seleção Brasileira de 1970. Carlos Alberto, Brito, Clodoaldo, Tostão, Piazza, Pelé, Rivelino, Gerson, Jairzinho, Félix e Everaldo. Onze pessoas prontas. O Rivelino não se preocupava se o Pelé jogava muito. O Rivelino estava pronto. O Tostão não se preocupava se o Jairzinho jogava muito. O Tostão estava pronto. O Jairzinho não se preocupava se o Pelé jogava muito. O Jairzinho estava pronto.

Quando alguém aponta para o banco de reserva e escolhe você, você tem que estar pronto e, se não estiver, outro jogador vai ser chamado.

"Aprenda isso: esteja pronto e o mundo é seu", ele dizia.

Ali, sentado ao lado dele, eu pensava em como eu era privilegiado por ter uma família como aquela.

A minha família era meu sonho de família. Problema se resolve com tranquilidade na casa do meu pai. Nunca brigamos na vida. A gente sempre soube que, se tiver um problema com um irmão a qualquer momento, o tempo de estar lá é só o tempo de deslocamento.

Qualquer um para o que estiver fazendo e vai prestar socorro. Seja com meu pai, com minha mãe ou com meus irmãos.

Por isso, diante do Flávio Augusto, eu sabia que era importante ter tudo aquilo que ele me oferecia, mas sabia que eu tinha um tesouro muito maior que era a minha família. Não queria desapontar meu pai nem por um segundo.

Enquanto ele terminava a cerveja dele, eu contava tudo que tinha acontecido, em detalhes. Assim que terminei ele franziu a testa e disse:

– Meu filho, deixa eu te falar uma coisa. Você vai fazer 41 anos. Essa pode ser a última grande oportunidade da sua vida. Agarre com unhas e dentes. Segue a regra que você criou. O último capítulo da sua regra é não errar nisso aí. Se você tem essa regra de identificar o erro, corrigir o erro, você não pode errar nisso.

Dali eu fui para Maceió. O Flávio já tinha dito que já sabia que eu iria palestrar em Maceió e me alertou que era um evento dos grandes. Eu entendi aquele toque e sabia que Maceió seria um divisor de águas para mim, pois seria o primeiro grande teste pós vídeo da água e isso faria com que a maioria dos holofotes estivessem voltados para lá.

Quando cheguei em Maceió é que fui perceber o tamanho e o alcance da minha popularidade. Eu mal conseguia entrar no lugar onde daria a palestra, a quantidade de pessoas que me parava para saudações e fotos era impressionante. Fui levado para o camarim e as pessoas iam me parando pelo caminho, tirando foto. Eu me sentia uma celebridade, mas meus pés estavam cravados no chão e eu disse para a "Negona do Pai Dela", que me acompanhava ali:

– A responsabilidade só aumenta com tudo isso. Será que eu estou preparado?

E ela, com a maior tranquilidade, me disse:

– O senhor já nasceu preparado, vai tirar isso de letra.

Logo que chamaram meu nome, antes de entrar no palco, já ouvi a plateia aplaudindo. Todo mundo entrou para assistir e eu tinha a impressão de que a cada dois minutos a galera aplaudia.

No final, todo mundo se levantou e enquanto eu estava banhado de lágrimas, o povo ficou aplaudindo de pé por cinco minutos. O anfitrião do evento disse para o palestrante que vinha depois que ia ser uma responsabilidade grande entrar depois de mim.

Desci do palco e tinha uma fila de gente para falar comigo. A organização teve que me conduzir a um anexo para tirar foto com as pessoas. Fiquei lá durante quarenta minutos recebendo as pessoas que queriam falar comigo. Era a primeira vez que eu contava a minha história para um grupo grande de pessoas. E quem é de verdade conhece quem é de mentira.

Saí dali convicto de que tinha plantado uma semente no coração das pessoas. Esse era o propósito de tudo: fazer as pessoas acordarem o gigante dentro delas.

PESSOAS REALMENTE
INTELIGENTES
SÃO AQUELAS
QUE ENSINAM
PARA PESSOAS
APARENTEMENTE
INFERIORES
QUE AMBOS SÃO
EXATAMENTE IGUAIS.

SOBRE ÁGUIAS E PARDAIS

ÁGUIAS NÃO VOAM COM PARDAIS

"Como você não é milionário ainda? O que você empreende? O que você já conquistou?"

Essas perguntas inevitavelmente viriam. Boa parte das pessoas que estão na rede social só se pautam pelo dinheiro. Diferente da outra vez, que excluí o comentário, desta vez, respondi de forma objetiva:

"Cara, o milhão que eu tenho é a capacidade de raciocinar que você, pelo jeito, não tem. E essa capacidade não se compra em loja".

Na internet, principalmente, muita gente que eu conheço daria tudo para ter a capacidade de raciocínio que eu tenho. Sem falsa modéstia, se pudesse transplantar o cérebro com todo conhecimento e causa vivida junto, o meu valeria alguns milhões.

Mas o cara que escreveu essa pergunta não tem esse milhão.

Eu realmente não tenho um milhão, mas digo que estou em busca do décimo primeiro milhão. É que avalio que meu cérebro, que Deus me deu e eu venho fortalecendo a cada dia, vale dez milhões. Eu brinco o tempo todo com isso!

Não é fácil de pagar a vivência que tenho, são anos de construção. Não é qualquer um que tem o meu coração, eu sei o que eu vivi e quais são os meus valores.

Tem muita gente que não tem coração, tem cabeça de gênio e se tornou uma pessoa fria, do mal.

Não é isso que me move. Não é milhão na conta, nem cédulas. As pessoas inverteram os valores. O que me move é o que eu queria

115

que movesse a multidão e que independentemente das circunstâncias, da situação, que as pessoas não desonrassem o quadragésimo segundo verso do Hino Nacional.

"Verás que um filho teu não foge à luta."

Você tem que ser movido pela sua capacidade de não parar, pela capacidade de viver em constante movimento. Sem se vitimizar.

O que me move é isso. Se nada der errado, você chega ao seu milhão, mas o que me move é o vendedor que está dentro de mim e que não desiste e nunca desistiu da vida.

As pessoas precisam perceber que quando você consegue ser um ser humano melhor, você deixa um mundo melhor. Você passa a ser um ser humano melhor e o mundo muda. Não porque os outros mudam, e sim porque você mudou.

Você não tem que buscar mudança: você precisa ser a mudança, você tem que mudar para as coisas começarem a mudar.

As pessoas não se veem enquanto problemas. Não têm que culpar ninguém, em nenhuma situação.

Se seu sócio lhe passou a perna, a culpa foi sua. Não soube escolher o sócio.

Se seus amigos o abandonaram nos momentos ruins, a culpa foi sua. Passou a vida toda chamando de amigos pessoas que nunca foram amigas.

Se seu casamento terminou, a culpa foi sua. Em algum momento você deixou de lutar por ele.

Sempre será assim. Se parar e avaliar os fatos com verdade verá que a culpa sempre foi sua. Não aceitar isso é se estagnar. Afinal, no meio do caminho, pode até existir uma pedra. O que não pode é essa pedra ser você mesmo.

O maior erro do empreendedor, por exemplo, é ele mesmo temer. É ele mesmo achar que não vai dar certo. Você precisa acreditar. Acreditando, você precisa convencer as pessoas de que está certo. As pessoas vão rir do seu sonho e elas irão dizer que não vai dar certo e você vai ter que continuar mesmo assim.

Se você não tiver muita força, vão sugar a pouca força que você tem.

Tem uma frase minha que diz: "Aquele que não se fortalece enfraquece a energia do fortalecido". Isso é muito sério. Não importa a força que você tem. Se você estiver entre os fracos, eles vão te sugar.

Foi isso que aconteceu quando eu mexia com política ou com as quadrilhas juninas. Eu percebi que era muito forte, mas tinha tanta gente me sugando que as outras pessoas se fortaleciam com a minha força.

Ali eu percebi que aquele que não se fortalece, enfraquece a energia do outro. Para eu me fortalecer, eu tinha que ter a certeza de que águias não voam com pardais, de que águias não voam em bando e que ou você ou é águia ou é pardal.

Águia reconhece águia.

Tem uma galera que está no meio dos pardais, mas são águias.

Você é aquele que sempre se apresenta como pardal, andando com um pires na mão?

Ninguém me dá oportunidade, ninguém me enxerga?

Oportunidade não é um artigo que tem na prateleira de uma loja e alguma pessoa passa, acha bonitinho e compra.

Oportunidade você cria, faz, constrói. O que as pessoas podem fazer é reconhecer o fato de você ter criado a oportunidade. Aprenda a diferenciar: a oportunidade gera o reconhecimento. O reconhecimento é apenas o troféu da oportunidade.

Até os quarenta anos eu era um vendedor de água em Copacabana. Depois me despontei como referência não da noite para o dia, mas, sim, por consequência do que plantei durante os quarenta anos que vivi.

É a partir do momento que você resolver mudar sua história que você vai mudar sua história.

Você pode ter nascido águia e morrer pardal. Nasci filho de águia e podia ser pardal.

Tem quem acredite que as pessoas só chegam onde chegaram por causa de terceiros e só justificam o fracasso porque vieram da "comunidade".

Não existe cartilha pronta determinando que quem nasceu em berço de ouro pode chegar em qualquer lugar. Também não tem

117

cartilha pronta dizendo que quem nasceu de origem humilde não vai chegar.

Chegar é uma questão de querer chegar e pagar o preço para isso. Conheço diversas pessoas que nasceram em berço de ouro e não chegaram e centenas de pessoas que nasceram em comunidade e chegaram.

Quem chega determinou que ia chegar. Quem não chega, determinou que não ia chegar. Não é uma questão de berço. É uma questão de escolha. Ou você escolhe chegar ou escolhe ser derrotado, mas não jogue a culpa por não ter chegado em outra pessoa.

Eu comprovo em história de vida que isso é verdade. Se você determina que vai ser fracassado, vai ser fracassado, mas se determinar que vai ser vitorioso, vai ser vitorioso.

Lembrando sempre que dinheiro não é sinônimo de sucesso, nem compra felicidade. Dinheiro não te deixa levantar, porque você se deixa seduzir por ele e, se você perder, você acha que não tem força para levantar.

Tem muito pardal achando que é águia, mas só tem dinheiro e nada mais. Ter dinheiro não é sinônimo de ser águia.

Alguns ricos, por exemplo, são ricos e reféns do dinheiro, de uma cédula, e não se veem sem aquilo. Ou seja, são pardais.

Esta é a questão de ter o vendedor dentro de você. Eu costumo dizer que aquele que não sabe de onde veio jamais saberá aonde vai. Eu sei de onde venho e sei para aonde vou.

Aquele que não sabe de onde veio jamais saberá para aonde ir.

QUANTO PESA TUA CAIXA?

Existem vários níveis de empreender. Eu não sabia que empreendia até conhecer o Thiago, que me apresentou o *Geração de valor*, mas também não sabia que existiam tantos tipos de empreendedores.

Tem desde o cara que cria uma *startup*, o que cria um negócio gigante do zero, e também o empreendedor popular, que é o cara que só vende água na praia e, na maioria das vezes, nem sabe que é empreendedor.

Para mim, o sofrimento dos caras pode até mudar de local, mas o sofrimento é o mesmo. Mesmo que existam formas distintas de se empreender.

Você pega o Matheus Tomoto, ele atropelou todas as lógicas possíveis e simplesmente mudou o rumo de sua trajetória. E agora incentiva outras pessoas a fazerem o mesmo.

Você pega o Carlos Jorge, que está lá no meio da favela do Vergel do Lago, à beira da Lagoa Mundaú, em Maceió, na extrema pobreza, mas que não se vitimizou sequer por um instante e hoje é referência para outros tantos ali.

Você pega o Junior Souza, o cara saiu do meio do nada na Bahia e foi parar na China, sem ter a menor ideia nem do idioma daquele povo, passou uma semana lá aprendendo "na tora" a fazer o que somente os caras faziam e depois voltou ao Brasil, reuniu todas as suas economias, vendeu tudo que tinha, importou a máquina e hoje é um concorrente direto do milionário mercado chinês.

119

Você pega o Charles Moura, o "Charlin", lá de Belo Horizonte, o cara nasceu em uma família paupérrima e tinha tudo para dar muito errado na vida, mas não se vitimou, arregaçou as mangas, foi à luta e hoje tem mais de dez casas alugadas, é proprietário de alguns empreendimentos na área de beleza, tem filha estudando em escola particular e uma vida financeiramente estável.

Eu poderia citar outros tantos exemplos, mas penso que esses são o bastante para que uma reflexão possa ser feita por você.

E, por fim, pegue você, que agora está lendo esta parte e se identificando com ela por também não ter se vitimado e superado algo para conseguir seguir em frente.

Por exemplo, quando eu parei de vender água, na lógica, eu não seria mais empreendedor. Eu parei de vender água. Mas eu consigo chamar as pessoas para crescer. Por que eu empreendo hoje, por exemplo?

Não necessariamente eu preciso estar vendendo água. Naquela época eu estava empreendendo para o Rick. Hoje estou empreendendo para uma multidão. E a multidão está começando a andar.

São formas diferentes de empreender.

Então é por isso que estou falando que empreendedorismo está enraizado em todo mundo. Todo mundo já empreendeu em alguma época da vida.

O mundo se divide em quem já empreendeu e os que só pensaram e não empreenderam, mas que tiveram a ideia. O empreendedor mora ali, dentro dele.

Só que, quando eu falo do sofrimento do empreendedor, eu levo para a realidade do empreendedor popular.

Você pega um empreendedor popular: um cara que vende água na praia, tem muita coisa que esse cara não sabe. Esse cara não sabe por exemplo que ele não pode parar. Ele é um ambulante. Ambulante quer dizer que ele não tem um ponto. Esse cara não sabe disso.

Ele sabe que ele é um vendedor de água. Ele sabe que ele vai para Copacabana vender água.

Só que, a partir do momento que ele põe uma caixa no chão para atender um cliente, ele fez um ponto. O mais rápido que ele for, o fiscal pode tomar a mercadoria dele. Ele fez um ponto. Ele não pode fazer aquilo sendo ele um ambulante.

Primeiro ele precisa saber que ele é um ambulante. Ele não sabe disso. Para ele, ele é um vendedor, ele é um camelô, ele é qualquer coisa. Ele precisa saber que ele não pode ter um ponto.

Ele não podendo ter um ponto, vem a parte dois da história:

Você pega por exemplo um cara que vende água ou refrigerante. Se você pegar uma caixa de 45 litros e colocar dois fardos – um de água e um de refrigerante, e mais meio saco de gelo – ela passa a pesar 68 quilos.

Só para você ter uma ideia do que estamos falando, eu por exemplo, peso 68 quilos.

Isso mesmo que você acabou de ler! Eu andava com meu peso no ombro sem ter certeza alguma que eu ia vender e sabendo que eu não podia parar para descansar, se estivesse pesado, porque corria o risco de um fiscal tomar toda a mercadoria.

Eu tinha a perspectiva de que ia vender e queria voltar com o dinheiro para casa. Então o sofrimento é muito grande porque se você não souber ser seu patrão, você não só vai quebrar como vai sofrer muito financeiramente e fisicamente.

O que acontece hoje em dia é que o empreendedor, seja ele de qualquer tipo, sofre muito.

Porque isso acontece?

No caso do empreendedor popular, por exemplo, o cara vai se desgastar muito.

Por quê?

Vamos imaginar que eu morasse na Baixada Fluminense. Eu preciso pagar um ônibus até lá porque é longe. Não dá para pedir carona no ônibus, porque se fizer esse trajeto todo dia, eu preciso pagar a passagem, senão o motorista do ônibus, que é pai de família, também se dá mal.

Quando eu chegar na Central eu preciso comprar a minha mercadoria, mesmo que seja mínima. Vamos imaginar que eu vou comprar duas bolsas de água, uma bolsa de refrigerante e um saco de gelo.

Depois que eu peguei minha mercadoria na Central, eu preciso pegar outro Ônibus e ir para Copacabana. Eu chego em Copacabana e, em algum momento, preciso me alimentar. Em determinada hora eu preciso voltar para o Centro e, voltando para o Centro, preciso voltar para casa.

Se eu não vender eu vou ter que voltar com o peso para casa e a caixa é muito pesada.

68 quilos são 68 quilos.

Eu costumo dizer que nos dividimos entre otimistas e pessimistas. O vendedor pessimista pede a Deus para aliviar o peso da carga, o vendedor otimista pede a Deus para aumentar a força do ombro, para poder conseguir carregar duas caixas.

Eu era esse cara. Eu era o otimista. Eu tinha 68 quilos, mas eu queria mais uma carga, não queria vender só os 68. E arrumei outra caixa.

O Rodolfo é um cara que eu conheci no ônibus. Eu vendia de doze a quinze caixas por dia. Ele vendia quatro. Ele começou a se espelhar em mim. Mas ele errava muito. Ele era sério, mas gastava, não poupava, então comecei a contribuir com ele, calcular salário de empreendedor, e conforme ele percebeu que poderia ser otimista, em vez de ter medo de voltar com os 68 quilos no ombro, passou a sair com duas caixas e ter fé que ia vender tudo.

No início ele era o pessimista. Sempre que eu encontrava com ele, ele reclamava:

– Cara, essa caixa é pesada, se eu não vender tenho que voltar com mercadoria.

O pessimista é assim: ele já sai com a carga pensando que vai voltar carregando aquele peso todo nas costas. Ele tem duas cargas e carrega muito mais que 68 quilos nas costas. Ele tem a mercadoria e a carga mental. Ele não consegue nem gritar *"Olha a água, olha o refrigerante"*, que na mente dele ele não vai vender.

Na mente dele ele vai passar por um grupo que já vai estar com um refrigerante e na mente dele ele nem precisa oferecer para

SE VENDER ÁGUA
NÃO É PARA VOCÊ,
ENTÃO, NO SEU
CASO, A CRISE NÃO
ESTÁ NO PAÍS, MAS
SIM, DENTRO
DE VOCÊ.

aquele cliente. Mas, na verdade, aquele refrigerante do turista pode estar acabando. A lata pode estar vazia e em pé. Ele tem que oferecer para aquele cliente. Ele tem a obrigação de oferecer e vender para aquele cliente, mas a mente dele é tão pessimista que ele fala "*ah, ele já está tomando*" e nem chega a oferecer.

Na mente do pessimista, ele vê o outro vendedor vendendo lá na frente e diz: "*O vendedor tal está vendendo mais que eu*".

Isso eu chamo de "teoria do carro zero". Você compra um carro do modelo X, e eu compro um exatamente igual, fabricado no mesmo ano, da mesma cor, só que você vai conseguir ver alguma coisa no meu que no seu não tem.

Ah, o vermelho do seu é melhor que o vermelho do meu.

É o mesmo vermelho. Mas na mente do pessimista o meu vermelho brilha mais do que o seu vermelho. Então, o pessimista tem uma carga tão grande na mente, o sofrimento dele é tão grande, que ele não consegue enxergar a vitória nem quando a possibilidade de vitória é real.

Isso é preocupante, porque você pega uma praia por exemplo, mesmo que você chegue na praia com a bolsa de água mineral, uma bolsa de cerveja e uma bolsa de refrigerante, são 36 unidades. Automaticamente, se cada cliente comprar uma unidade, você só precisa encontrar 36 clientes.

Em uma praia com cinco quilômetros de extensão, chamada Copacabana, em um dia de movimento fraco tem, se estiver muito vazia, 5 mil pessoas na praia. Isso se estiver muito vazia e uma pessoa muito longe da outra.

Mas têm 5 mil pessoas naquela praia no mínimo, e você só precisa encontrar 36 pessoas.

Normalmente você encontra um casal, cada um quer uma coisa, um grupo de turistas de oito, nove pessoas, cada um pega uma cerveja, uma água, e você com um pouquinho de esforço cria um relacionamento e vende a segunda rodada. Mas na mente do pessimista não. Na mente do pessimista é impossível, é pesado, a praia está vazia, hoje ele não vai porque não amanheceu bem.

Ele é esse cara.

E normalmente essa galera que trabalha na praia sustenta toda uma família. Ele é o único recurso da família. Normalmente esse cara paga aluguel e é o arrimo da família dele.

Se ele não pagar aluguel ele é despejado, o material da escola sai dele, a luz é ele que paga, a água é ele que paga, a compra do mercado é ele que faz.

Ele já leva essa carga com ele e não sabe somar salário, nem fazer conta. Ele não poupa no verão e chega em março ele se assusta, porque no verão ele ganhava 800 reais por dia.

O cara não está preparado para ganhar 800 reais num dia. Quando ele pega esses 800 reais, ele decide que vai folgar na segunda.

A diferença é que enquanto ele folga na segunda, eu estou vendendo.

Mas o pior não é isso. O pior é que além de folgar na segunda, ele também vai fazer um churrasco na segunda porque ganhou 800 reais. E eu vou estar lá na praia vendendo.

Eu também ganhei 800 reais ontem, eu ganhei meus 800 reais. A diferença entre nós dois é que ele está gastando os 800 reais com a galera e eu estou trabalhando, ganhando mais 150, mais 200 e esse cara está lá gastando. Mas esse cara não sabe disso.

Só que o peso dessa caixa vai ser muito maior, quando ele acordar na terça feira e lembrar que gastou os 800 reais na noite anterior e que precisa recuperar o prejuízo em Copacabana. Ele vai sentir o peso disso e vai sofrer antes mesmo de encher a caixa de mercadoria. Se é que ele terá dinheiro para encher a caixa de mercadoria.

A falta de conhecimento faz com que essa galera sofra demais. E não estou falando só do empreendedor que vende água na praia. Todo empreendedor tem sua caixa para carregar.

Mas nem sempre ele sabe como levar essa caixa e quase nunca busca conhecimento para lidar com o fardo quando ele está leve.

Todo mundo precisa mesmo é buscar informação. Ele precisa saber o que fazer com o dinheiro que ele ganha, ele precisa saber calcular o próprio salário, ele precisa se aperfeiçoar, saber onde precisa melhorar e ainda por cima se encher de fé e atitude para voltar com duas caixas vazias e o bolso cheio.

Todo mundo precisa, antes de mais nada, aceitar o que tem de limitação. Isso é o primeiro passo para quem quer crescer.

Todo mundo tem a sua caixa. Mas todo mundo precisa pensar em vender duas caixas ou aumentar o tamanho da caixa. Não diminuir. Todo mundo tem que pensar em crescer.

Mas o cara está tão viciado no formatozinho de ser pequeno e a mente dele é tão pessimista que ele nem acha que pode ser maior. E às vezes ele ainda acha que é menor do que já é. Ele não consegue nem raciocinar a respeito.

Se ele quer crescer, ele só precisa buscar um caminho.

Você pode fazer um curso gratuito no Sebrae, ou por um valor irrisório. Só que quem disse que esse cara está disposto a fazer curso? Ele quer reclamar, ele quer entrar no Instagram e postar foto. Ele quer resultado, mas não quer levar a caixa no ombro.

Hoje você pode ter acesso a qualquer informação de qualidade gratuitamente. Esse conteúdo pode aliviar o peso de qualquer caixa, de qualquer empreendedor, de qualquer segmento.

Conhecimento não pesa nunca. Mas sofrimento, pessimismo e mente atrasada e pequena, pesam. O peso da caixa que você leva depende exclusivamente de você.

Pense nisso.

PARA ONDE VÃO OS TEUS RECURSOS?

Quando comecei a pegar o jeito de vender água em Copacabana, eu fazia de tudo um pouco. Além de despertar o vendedor dentro de mim, ir com todo meu gás para a areia depois de pedir a bênção dos superiores a nós, eu não sentia o peso da caixa de isopor, eu saia feito um louco vendendo com sorriso no rosto e já sabia como funcionava tudo.

Tinha dias que eu saia da praia com 1600 reais no bolso. Era verão, final de semana, feriado, a praia cheia de turistas, cariocas, férias escolares. Em certos dias a praia era um prato cheio para ganhar dinheiro, mas nem todo vendedor enxergava as oportunidades.

Eu trabalhava de segunda a segunda nessa época, não folgava, aproveitava o horário de verão que tinha gente chegando na praia às cinco da tarde depois de sair do trabalho enquanto todos os vendedores já tinham ido para casa.

Claro que nesses dias eu era o único que vendia. E eu vendia muito.

O Rodolfo, que na época já tinha virado meu amigo, dizia que todo camelô folgava na segunda e eu respondia:

– Todo, não. Eu não folgo.

Explicava para ele que justo no dia que todo mundo folgava era o dia perfeito para trabalhar.

– Lei da oferta e da procura. A procura continua e a oferta diminui – eu explicava – é onde eu entro.

127

Quando ensinei isso a ele, ele disse que conhecia a lei da oferta e da procura.

– Pois é. Mas você nunca aplicou – eu respondi logo em seguida.

Esse é o tipo de coisa que o cara acha que nunca vai aplicar. Mas precisa ficar atento a isso todo santo dia. As pessoas estão procurando o que você está ofertando e enquanto você está ofertando você está aumentando as suas possibilidades de sair na frente.

Apesar de eu não ter feito faculdade, eu conseguia ensinar isso para as pessoas e eu fui ensinar isso para esse cara.

Então o Rodolfo passou a me ouvir. Só que conforme ele conseguia mais recursos, não sabia o que fazer com a grana que tinha acabado de ganhar. Ele ganhava os mesmos 1600 reais que eu e me apareceu com um telefone de 800 reais.

Olhei para ele, olhei para o telefone e perguntei.

– Tá, Rodolfo, você está com o telefone de 800 reais. Você tinha um de 500 que fazia quase as mesmas coisas que o de 800 faz. Por que você comprou esse telefone?

– Você não fala que a gente tem que subir na vida? – ele respondeu.

Na teoria dele, ele tinha subido porque estava com um celular melhor.

– Sim, mas tem que ter um porquê.

Ele olhou para o meu telefone.

– Ah, mas você trocou o celular. – retrucou.

Na época, eu já estava gravando para as redes sociais um vídeo por dia.

– Rodolfo, eu trabalho com vídeo, eu tenho que ter mais qualificação para isso. E você comprou um telefone de 800 reais para entrar no WhatsApp, Instagram, Youtube e fazer parte de mais grupo de fofoca e bom dia. Segundo você, tem uma supercamera e você não sabe a metade dos recursos que esse telefone te oferece, mas você está andando com a manada. Se você andar com a manada, vai se afundar com a manada. A manada compra um telefone de 3 mil reais para entrar em três redes sociais que qualquer telefone de quinhentos entra. Mas você está seguindo a manada. Você vive tanto pro outro que a manada está te impedindo de seguir.

Expliquei para ele que ele estava vivendo feito um pardal. Os pardais só conseguem voar em bando. O que destoar vai morrer. A águia não consegue voar em bando.

Ele é o pardal. Ele estava voando em bando, tinha tudo para ser uma águia. Mas estava vivendo como pardal.

Só que é difícil deixar de seguir a manada quando você está tão acostumado a pensar do jeito que todo mundo pensa. Com o Rodolfo não foi diferente. Logo depois que conversamos ele ficou pensativo. Mesmo assim, não deixou de comprar, meses depois, outro celular de última geração.

Foi só depois de conhecer melhor as minhas teorias que ele vendeu o telefone e entendeu que subir na vida não é ter um telefone melhor. Subir na vida é você saber que você não necessita ter aquele telefone.

Ele conseguiu finalmente entender que seria muito melhor ao invés de ter comprado o telefone de 800 reais se ele tivesse investido aquele dinheiro em um curso técnico de segurança do trabalho, por exemplo. Com a qualificação ele poderia ingressar em empresas, se ele quisesse. Com 800 reais ele pagaria um curso de cuidador de idosos. Com os 800 reais ele pagaria um curso de técnico em edificação e esse cara comprou um telefone de 800 para entrar em rede social. Esse cara e muita gente que você conhece, que reclama da vida, das oportunidades que não encontra, mas paga 800 reais num telefone em vez de pagar uma especialização em algo para se qualificar melhor e ter mais oportunidades.

Os pardais compram telefone caro porque querem tirar foto com câmera ultramoderna, mas não sabem usar a câmera. Eles desabam na cama porque as coisas estão ruins, mas não percebem que podem investir neles mesmos ao invés de comprar celular novo e caro para tirar selfie e mostrar para os outros.

Estou falando do celular para usar o exemplo do Rodolfo, mas você provavelmente conhece alguém que está há cinco anos pagando um carro para mostrar para os outros que subiu na vida e não investiu esse dinheiro em algo que pudesse realmente fazê-lo crescer como pessoa.

O Rodolfo acabou entendendo tudo isso e cresceu. Eu fui mostrar para ele que crescer não é só ter um bem para que o outro saiba que você cresceu. As pessoas vão sentir seu crescimento nas suas ações.

Quando ele viu que não precisava de um telefone como aquele e o vendeu, me agradeceu e conseguiu entender que estava se derrotando mesmo com a possibilidade de estar vencendo. E aí não compensava ele sair de casa às três horas da manhã, com a van lotada, com o trem lotado, ir para o centro, pegar 68 quilos nas costas para voltar e trabalhar debaixo do sol de Copacabana de 44°c, descalço, suando para caramba.

Todos os dias eu dizia isso para todos os vendedores que encontrava. Eles naturalmente vinham até mim e queriam ouvir o que eu tinha a dizer. Aos poucos eles iam começando a entender o que era ser otimista e eu agradecia a mãe do mar e pedia a bênção sempre que chegava na praia, feliz por poder estar causando transformação nas pessoas.

"Se algo superior me conduziu até o mar, me conduza para o que eu tenho que fazer," Sempre que eu chegava a Copacabana para vender eu dizia isso, sempre olhando para o mar e com uma fé de se emocionar.

Eu sempre tive uma ligação muito forte com o mar. Tanto que eu chegava na praia, colocava o pé na areia e sabia exatamente quantos graus estava. Nunca errava. Para mim não fazia diferença se estivesse 12°c ou 40°c. Eu ia para praia todo dia.

A única vez que eu voltei com mercadoria para casa foi quando eu fui trabalhar no primeiro dia; depois daquele dia, eu nunca mais voltei com nada além de dinheiro para casa. Determinei que eu nunca mais ia voltar.

Enquanto houvesse coisa pra vender e gente na praia, eu não parava.

Foi aí que eu percebi que naquele pedaço eu era o único que tinha metas. Conversava com todos os vendedores e ninguém tinha meta nenhuma. Eles simplesmente iam para a praia, vendiam e diziam "*ah, hoje tá bom, vamos embora*".

Eu explicava para eles que não podia ser assim. "*Vocês precisam ter meta*".

No começo a meta do Rodolfo era 50 reais. Quando contei a ele que minha meta diária era 300 reais, ele quase caiu para trás.

– Se eu não bato minha meta eu não volto para casa – falei.

Ele dizia:

– Mas é muito dinheiro.

E eu dizia:

– Não é muito dinheiro não.

A minha vontade era aumentar a minha meta de 300 reais e enquanto eu batia a meta do dia dele às dez da manhã, ele tinha em mente que precisava trabalhar até conseguir os 50 reais.

A maioria dos vendedores era assim: trabalhava, ganhava uns cinquenta reais e ia embora. Onze horas da manhã o Rodolfo ia embora e eu estava comprando mercadoria. Como morávamos próximos um ao outro, quando eram cinco horas da tarde ele me ligava para saber se eu estava por perto e eu dizia que estava indo buscar mercadoria.

– Quanto você vendeu? – ele perguntava.

– Já vendi doze caixas e estou comprando mercadoria – eu contava para ele.

Para mim, era um grande negócio ficar até mais tarde porque a oferta era menor. Horário de verão e a procura era grande porque muita gente saía do trabalho e ia direto para a praia e eu estava só começando o meu dia às cinco da tarde, mesmo já tendo vendido doze caixas.

Isso era visão.

Aí comecei a "dar um gás" nas vendas do Rodolfo. Quando eu terminava minha última carga e via que ele ainda tinha mercadoria, eu o ajudava a vender até acabar. E isso começou a dar a ele uma nova visão.

Então o Rodolfo começou a mudar. Ele começou a ficar até o horário de verão e esse cara que vendia quatro caixas de cerveja passou a vender dez.

O Rodolfo começou a mudar os hábitos dele em função dos meus.

Comecei a transformar a vida das pessoas e estava presenciando a vida das pessoas sendo transformadas. Só que é muito difícil para estas pessoas porque elas não têm a mínima noção do que eu estou falando. Alguns passaram a ter depois do que eu passei a fazer, e depois que comecei a me destacar, eles paravam para me ouvir.

Comecei a falar para os vendedores de água que eles precisavam saber controlar os gastos. Mostrei como eu fazia isso, reunindo todas as notas fiscais de tudo que tinha gastado no mês.

No começo os caras acharam uma besteira o que eu estava falando, mas eu logo respondi que eu também achava, até começar a fazer. Eu tinha entendido que eu precisava saber três coisas: primeiro quanto eu ganhava, segundo o que eu fazia com o que eu ganhava e, terceiro, o quanto eu conseguiria poupar daquilo que eu ganhava.

A pessoa que não sabe nada disso tem que parar imediatamente o que está fazendo. Tem que fazer, seja num bloco de notas ou no Excel.

Eles anotavam o que eu falava e eu virei o cara para eles.

Eu olhava todos se esforçando para fazer o que eu dizia para fazerem e pensava: "*virei um cara para esses guerreiros*". É comum a gente chegar em comunidades e as pessoas terem uma referência. Só que o moleque geralmente tem a referência ruim do cara que é um problema. Ele se espelha no que está mais próximo. O mal faz um barulho tão grande que se propaga por si só. O cara quer ser um problema.

Um dia cheguei na quadra da Mangueira no aniversário da escola. Um menino olhou para mim e disse:

– Olha o Rick! Rick, quando eu crescer eu quero ser igual a você!

Meus olhos se encheram de lágrimas, porque naquele momento eu vi que a minha missão estava cumprida.

Quando vemos os meninos da comunidade, eles são levados a acreditar que ter uma moto bacana é o que vai levá-los a algum lugar.

O vendedor não consegue ser espelho nem para o filho dele. Ele vende 400 reais na praia, chega em casa com 400 reais e, ao invés de fazer uma compra para a família, economizar, ele pega e vai fazer um churrasco para a galera e no dia seguinte ele tá quebrado. Que referência ele vai ser para o filho desse jeito?

Então isso tudo é sofrimento.

Esses caras não são organizados, eles não admitem que não são organizados e não admitindo eles continuam agindo errado e não saindo do lugar. O cara vai trabalhar igual um burro o ano inteiro e não vai conseguir avançar um milímetro.

A maioria dos vendedores que você vê na praia já perdeu mercadoria para o fiscal porque ficou parado muito tempo num lugar. Eu nunca perdi mercadoria para o fiscal. O fiscal está lá para fazer o trabalho dele. O cara está trabalhando e a função dele é não deixar que um ambulante vire um camelô. Essa é a função dele. Ele tem que exercer a função dele.

A função dele é apreender a mercadoria, se o vendedor ambulante estiver parado. Simples assim.

Mas o vendedor crucifica o fiscal, que é um pai de família que também está defendendo o trabalho dele, cumprindo a sua missão.

Normalmente, o fiscal que leva a mercadoria sofre muito, porque ele também sabe que está tirando o leite de uma criança. Mas é a função do cara.

O que eu quero dizer com isso? Que você precisa sempre conhecer as regras do jogo antes de entrar pra jogar. Assim como um ambulante tem que seguir a lei para não ter a mercadoria apreendida pelo fiscal, um empreendedor de qualquer segmento precisa ficar atento ao seu jogo e jogar conforme as regras, sem tentar trapacear.

Muita gente sofre por não conhecer certas regras básicas, e acaba descumprindo coisas simples e se prejudicando muito por isso.

Meu pai sempre dizia que deveríamos "respeitar o espaço do outro", e não é só o vendedor de rua que quer dar jeitinho para tudo: vejo muita gente se beneficiando e prejudicando alguém.

Você se beneficia crucificando alguém e isso é sofrimento porque você não precisa se beneficiar fazendo alguém sofrer. É só trabalhar dentro de uma legalidade – seja você um ambulante ou um empresário.

Trabalhando dentro da legalidade você permite que outras pessoas trabalhem dentro da mesma realidade. Se um fiscal bater na empresa, ele vai poder entrar, ir a todos os andares, voltar e parabenizar a sua equipe.

O cara está cumprindo o papel dele que é te fiscalizar, você está cumprindo o seu papel que é cumprir a legislação e nós dois estamos agindo corretamente. Um evitando causar o sofrimento ao outro ou culpar o outro pelo próprio sofrimento.

Um erro que o empreendedor comete muito é não saber o que é importante na vida e também dentro do próprio negócio.

Hoje é normal o cara abrir uma barbearia com aquele design americano, investe em sofá bonito, decoração, mas não tem uma autoclave para esterilizar o material.

Uma cadeira custa 7 mil reais para impressionar o cliente, e o cara não tem uma autoclave de 3 mil reais, que é o mais necessário para evitar a transmissão de uma doença através da navalha, que pode estar infectada com um sangue.

Uma manicure, por exemplo: ela faz a unha muito bem, mas não esteriliza, e aí com o alicate ela passa uma doença de uma cliente para outra. É uma infinidade de coisas.

O cara dá jeitinho para tudo e depois pede organização no país e diz que tudo é culpa do governo. Ele está cheio de defeito e é um cara que precisa ser reprogramado, que precisa formatar o HD dele e começar de novo.

Aliás, você tem coragem de formatar seu HD?

O cérebro é um HD. Ou você formata seu HD, ou seu HD vai queimar.

Você teria coragem de selecionar um monte de coisas que jura que não vive sem e apertar o delete? Mas é delete, sem deixar no arquivo de memória. É deletar da sua vida.

Você sabia que os grandes líderes deletaram muita coisa e formataram o HD para conseguir? O seu HD tem que ter espaço livre para o crescimento. Ou você tem espaço para o crescimento ou não cresce. Pare um dia, veja o que pode deletar do seu HD e aperte o botão do delete.

134

Ou você vai ficar para trás. Você não precisa de um HD novo. Só precisa formatar seu HD.

Os caras que não conseguem formatar o HD, depois de um erro continuam errando. Isso confirma a minha teoria de que nós não temos um país em crise. Nós temos pessoas em crise dentro desse país. O problema é que um está alimentando o erro do outro.

Como você se sentiria se visse seu produto sendo vendido no mercado negro? Mas você compra o produto de outro no mercado negro.

Aquele cara que tem um posto de gasolina e começou a vender gasolina a 10 reais quando teve a greve dos caminhoneiros, só pensou nele. Esse cara não pode me falar que o país está em crise. Esse cara está em crise. Porque o cara que consegue pensar só no umbigo dele, para esse cara não interessa se a engrenagem gira. Enquanto a dele gira está tudo bem.

Eu aprendi ao longo da vida que funcionamos como um relógio. Se eu travar a minha engrenagem, ela automaticamente para a outra. E nós não podemos parar. Essas pessoas fazem o país parar. Essas pessoas que só pensam em si mesmas fazem o país parar.

Isso tudo causa um sofrimento para o empreendedor porque na maioria das vezes ele, pensando só em si, não para nem para pensar na família, não é espelho para ninguém, nem para ele mesmo.

Um cara que não é espelho nem para ele mesmo não vai sair do lugar porque está alimentando o mercado negro, não está conseguindo poupar dinheiro e está achando que está trabalhando muito.

Esse cara está "todo errado". Na mente dele é um empreendedor de sucesso porque ele acha que ganha 400 reais por dia. Se ele ganha 400 por dia, ele deveria ter 2 mil por semana, mas quanto ele tem no bolso na sexta-feira? 800 reais. A pergunta é: onde foram parar os outros 1200 reais?

Ele precisa entender que tem coisa errada e identificar seu erro, mas qual a razão de ele não conseguir fazer isso? Ele não se vê como problema. É mais fácil para ele, como brasileiro, falar que a culpa é de alguém do que encontrar a solução após se ver como problema.

Ele vai procurar a solução num lugar onde ela não existe e vai achar que é fora dele. Só que se ele é o problema, ele também é a solução. Quando você não é parte da solução automaticamente você é parte do problema. Só existem os dois lados. O problema e a solução.

Se você não é parte de um é parte de outro. Não tem meio termo.

Quando você não é parte da solução você é parte do problema – isso se você não for o problema.

Eles não conseguem aceitar isso como lógico e sofrem, porque carregam peso demais, sofrem porque querem ter o melhor smartphone. Tirar carteira de habilitação por exemplo custa 2800 reais. O smartphone, 6 mil.

Se você tira a carteira, em qualquer lugar que você chegar, você pode alugar um carro, baixar um aplicativo e ganhar dinheiro dirigindo.

Mas ele prefere parcelar um telefone que nem sabe usar para baixar três redes sociais e tirar foto. O cara está errado, porque na mente dele, ele merece aquilo porque é guerreiro e trabalhador. Mas ele está todo errado. Ele tem disposição, mas usa contra ele mesmo.

Costumo dizer que se esse pessoal não formatar o HD – que nada mais é que a mente – vai ter problema sempre.

Das últimas vezes que estive com os meus colegas vendedores do Rio, pedi que todo mundo me desse o celular. Olhei para os grupos que participavam: grupo da pelada, da família, da balada. Além de usar o celular para ficar nos grupos, eles perdem tempo mandando a mesma mensagem em todos os grupos, todos os dias mandam bom-dia e um monte de coisa que não agrega valor.

Numa dessas, perguntei a eles:

– Cara, vocês têm coragem de sair desses grupos?

Ninguém tinha.

– Então está decretado onde vocês vão chegar. Estão entre os pardais. Esse é o lugar de vocês. Para chegar onde a maioria não chegou, é necessário fazer o que essa maioria não fez. Tem um preço e você tem que estar disposto a pagar esse preço! *Será que vocês estão dispostos a pagar o preço?*

Deixei essa interrogação com eles e parti.

A FÓRMULA QUE DÁ CERTO

A fórmula mais simples que existe, para qualquer pessoa, seja ela moradora do barraco mais simplório de uma favela ou de um apartamento caro na Zona Sul do Rio de Janeiro, é identificar o erro, aceitar que o erro é seu, corrigir aquele erro e não errar naquilo novamente.

Essa é forma mais simples de se entender o que se passa na sua vida e dentro do que se passa na sua vida, conseguir olhar para a frente.

Eu fiz disso a minha fórmula.

Eu errei muito em algumas coisas, mas na época eu não aceitava que esses erros eram meus.

Então, em primeiro lugar você deve identificar o erro.

Eu uso a minha experiência para justificar isso. Vamos falar do Rick, que você conheceu bastante até aqui: se esse cara até hoje está vendendo água na praia, é porque esse cara errou para caramba na vida dele. Mas aí, do nada, esse cara começa a se transformar, por algum motivo, aos quarenta anos.

Você já deve ter identificado no próprio livro, lendo capítulo por capítulo. E esse cara, aos quarenta, desponta como uma liderança, como uma referência. Se este cara só chegou a ser referência aos quarenta é porque ele já errou muito, caso contrário, ele já estaria sendo referência aos vinte.

Eu precisei olhar para minha vida com muita coragem para definitivamente dizer: todos esses erros são meus.

Aceitando que todos os erros são meus e identificando cada um desses erros, que eu já sei que são meus. Essa é que é a parte mais difícil dos quatro passos da minha fórmula: eu aceito que eu sou o erro.

Se você não aceitar isso, está determinado: você não vai chegar a lugar nenhum, porque você não vai se corrigir. Você vai viver procurando culpados e desculpas. É aquela velha forma de não entender que a crise está dentro de você.

A culpa é sempre do outro. Muita gente se porta assim diante da vida.

Mas primeiro a gente precisa identificar os erros. Quando você os identifica, aí então você pode ir para a segunda parte, que é aceitar que o erro é seu. Quando você faz isso ainda vai ter pela frente uma coisa complicada, que é você corrigir o que dá para ser corrigido.

Infelizmente, alguns erros não podem ser corrigidos. Vai ter coisa que você não vai conseguir corrigir, como por exemplo, se desonrou pai e mãe e seus pais já se foram. Mas, se der para corrigir, tem que correr e corrigir imediatamente, porque isso vai te tornar uma pessoa muito mais madura e fará com que você aprenda muito e cresça ainda mais.

Quando você corrige um erro que identificou como seu e aceitou, você tira um piano das costas, você tira uma caixa de 68 quilos das costas e ela vai para a areia.

Seu ombro fala: *"estou mais leve"*, então você vai tirar uma carga.

O maior erro que uma pessoa pode cometer na vida é culpar os outros pelos próprios erros ou pelo próprio fracasso.

É o que acontece no nosso povo que sempre coloca a culpa em alguém e nunca assume a culpa. As pessoas preferem achar que o problema está no governo e não percebem que elas carregam o peso da responsabilidade de terem votado errado.

Em toda minha vida, mesmo quando as coisas deram errado, sempre busquei me colocar como protagonista e nunca acreditei que um fator externo fosse capaz de mudar alguma coisa.

138

Outro dia gravei um vídeo que uma repórter me desafiou a ter 3000% de lucro em um dia. Saí com 7 reais e voltei com 200 e pouco reais, fruto do meu suor.

Minha mente funciona assim: todo mundo que tem 7 reais no bolso, consegue fazer 200 reais num dia. A grande pergunta é: como essa pessoa vai fazer brotar esse empreendedor dentro dela?

O que eu quero conseguir, tanto através dos meus vídeos quanto das palestras e também deste livro, é fazer com que a pessoa tenha condições de acordar o gigante que tem dentro dela, porque um dia esse Brasil deu um grito *"O gigante acordou"*, mas o gigante não acordou, ele caiu.

Se a pessoa conseguir acordar o gigante – e todo mundo tem um gigante dentro de si – ela consegue despertar para uma série de coisas em sua vida.

Alguns passam a vida inteira sem ter acordado o seu gigante, sendo o gigante de dentro de outra pessoa e vivendo o sonho de outra pessoa, tornando um gigante mais gigante ainda, sendo que é um gigante também.

A pessoa passa a vida toda sem acordar.

Quando ela consegue acordar esse gigante dentro dela, ela consegue se ver no papel principal da vida e não como coadjuvante dentro da sua própria história.

A maioria das pessoas acha que é coadjuvante. Muitos pensam que para caminhar precisam de outro, mas para caminhar cada um só precisa levantar e andar, por isso que Deus deu duas pernas para cada um.

O que determina quem vai chegar numa circunstância dessas não é quem está andando, mas é quem tem a capacidade de se levantar todas as vezes que a vida derrubar, porque a vida vai te jogar no chão.

Em algum momento ela vai te derrubar.

Ela derrubou o Rick, ela derrubou o beltrano, o sicrano, ela derruba todo mundo. O que determina quem vai chegar é a capacidade que a pessoa tem de se levantar quando a vida derrubar, porque ela vai derrubar de qualquer jeito e, se você não se preparar para a queda, você nunca vai estar preparado para o topo.

Quem só enxerga o topo enquanto vitória, não vai chegar ao topo. Essa pessoa só vai tomar tombo e essa é a hora de saber se esse cara vai chegar ao topo.

Existe um tempo para a evolução acontecer e a pessoa tem que esperar para construir algo de valor. Ela precisa viver, semear muito para colher e quando colher, vai colher, mas tem que esperar esse tempo porque não dá para colher fruto que não está maduro.

O que todo mundo precisa entender é que a Lei da Semeadura existe. Meu pai me ensinou isso cedo e quis Deus que eu com oito anos plantasse alface e couve para eu vender aquilo. Ali eu semeava alface e couve para vender, mas na verdade o que eu plantava ali era o vendedor.

Demorei quarenta anos para poder colher isso. A Lei da Semeadura é isso. Foram quarenta anos, e a colheita poderia ter vindo antes, se eu tivesse tomado mais cuidado com o que eu plantei.

O que aconteceu nesse processo é que de vez em quando eu falava para mim mesmo: "*vou deixar minha horta aqui e vou fazer algumas outras coisas*" e essa horta parou de crescer, ou cresceu mais devagar.

A partir do momento que eu voltei a cultivar a minha horta é que as flores começaram a nascer, mas foram quarenta anos. Aos quarenta anos de idade eu começo a cuidar melhor dessa horta e do nada essa horta começa a se refazer, e os frutos começam a crescer e hoje está esse cara colhendo tudo isso.

Hoje, quando eu vejo um cara reclamando da vida eu acho ele um covarde. Quem reclama da vida é covarde. Não interessa em qual circunstância ele esteja. Não importa se ele não achar nele o problema e nele a solução, ele é um covarde, primeiro com ele, depois com os que estão a sua volta. Ele é covarde com o bairro em que ele mora, a cidade na qual ele mora, o Estado em que ele mora, com o país em que ele mora e o mundo onde ele vive.

Por que eu acho isso? Porque acredito que ninguém veio aqui nessa Terra para passar em branco. Todo mundo veio para ser um talento e para ter muito talento e alguns resolvem deixar passar em branco. Outros resolvem não passar nem em branco, resolveram só passar.

Tem uma multidão andando e destoa um no meio da multidão. Achar que esse cara é um talento é um erro porque na verdade ele cuidou mais do que ele veio fazer aqui. Todos os que estão em volta dele têm o mesmo talento que ele.

Eu não acredito em inteligência dividida em partes, mas eu sei que muita gente vai dizer que eu "dei sorte" na vida.

Eu não acredito em sorte. Costumo dizer, nunca foi sorte, sempre foi Deus, mas Deus já te mandou para cá com o dom de semear e ele te deu tamanho livre-arbítrio que você só vai semear se você quiser. Ele te trouxe para semear, tanto que você é fruto de uma semente. Uma gestação é uma semente que fecundou e que nasceu. E essa semente veio para semear, mas você pode escolher por não semear.

Para mim, a Lei da Semeadura existe desde que você chegou aqui e, se você acreditar que isso é sorte, você não acredita na Lei da Semeadura. Sorte uma hora passa. Sorte e azar são algo que vem e vai e a Lei da Semeadura não.

Se você plantou, vai nascer, mas vai nascer o que você plantou.

Um cara chamado Flávio Augusto entrou na minha vida porque eu comprei o livro dele e não porque ele viu meu vídeo da água. Assim como o Flávio entrou na vida de várias outras pessoas, ele está na vida de várias outras pessoas. As pessoas acham que estão distantes do Flávio, mas tem um GV dentro da casa delas. O Flávio está lá.

Só que o que todo mundo quer é o próximo passo. Essas pessoas dizem "*cara, esse Flávio foi tão importante para mim que eu quero conhecer esse cara*" e elas não se dão conta de que já conhecem esse cara e que esse cara está lá.

Mas elas querem o contato físico.

Que bom que o Flávio entrou na minha vida antes, para as pessoas enxergarem que o Flávio é tão visionário no que ele faz, que ele já fez o GV e já sabia que, através do GV, algumas pessoas iriam despertar esse gigante que existe dentro delas e iriam começar a

TODO MUNDO DEVE TER A SUA 'CAIXA DE ISOPOR'. QUAL A SUA CAIXA DE ISOPOR?

caminhar. A partir do momento que esse gigante acorda e começa a caminhar, ele tem a possibilidade de ser visto.

Enquanto ele está adormecido dentro de casa ele não vai ser visto.

Aí você lê *Geração de valor 1, 2 e 3* e aquilo te desperta e você acorda, começa a caminhar e descobre esse gigante que tem dentro de você.

Quanto mais gigante você se sente, mais gigante você se torna, e quanto mais gigante você se tornar, mais você destoa dos demais e, quanto mais você destoar deles, maior a possibilidade de alguém te ver.

Foi isso que aconteceu comigo, na verdade.

Mas quando você se levanta ainda tem um desafio: a maior dificuldade para você se manter de pé, quando você se levanta como um gigante, é a vaidade.

Eu tenho muito medo de deixar de ser o Rick. E das pessoas que levantam o gigante e começam a perder a origem e, eu penso que você pode voar na altura que você quiser voar, mas sem perder a sua conexão com a sua raiz. E isso é a maior dificuldade para quem se levanta como um gigante, as pessoas perdem a conexão com a raiz.

A partir do momento que você perde a sua conexão com a raiz, você perde a sua conexão com o solo e aí você vai cair.

Se você cair e não bater no chão, você vai para uma esfera em que a sua raiz diz *"esse cara não me representa como raiz, esse cara não me representa."* E essa é a maior dificuldade.

Então, o Rick de hoje é um gigante que se levantou, mas ele ainda pode chegar lá no topo e, se ele chegar lá no topo, o cara que encontrar o Rick tem que pensar *"esse cara ainda me representa, é o mesmo Rick que eu conheci vendendo água na areia"*.

Isso para mim é muito sério. Esses dias estive em uma comunidade em Guaianazes e vi que se o meu levantar não causar em você a vontade de se levantar também, não me representa. Só me representa se esse Ubuntu que eu trouxe da África estiver vivo. Eu sou porque você tem possibilidade de ser. Eu sou porque nós somos.

Chegar nesse tal de topo e ficar sozinho não é legal. Não deve ser bacana, principalmente para quem vem de um lugar onde tem um monte de gente misturada.

Se eu chegar ao ponto de não querer estar mais junto e misturado, aí o Rick não será mais aquele cara. Se isso acontecer, eu preciso parar novamente e entender o que está errado.

Neste momento, se isso acontecer, eu preciso identificar que aquilo é erro, aceitar que eu perdi minha origem e voltar lá para minha raiz.

Eu preciso continuar com aquele povo que me levou para o topo dia desses, quando eu peguei um trem para visitar uma comunidade, um cara me reconheceu e disse:

– Pô, Rick, bacana encontrar você aqui no trem.

Nesse dia eu vi o quanto era importante eu não perder essa conexão com a raiz, porque eu preciso saber o problema e viver o problema para poder falar dele. Eu não posso simplesmente ser um cara que está lendo na internet um problema que não viveu.

Eu preciso ser um cara que as pessoas olhem e digam:

"Esse cara fala com propriedade porque ele viveu isso."

Até hoje, se eu piso na areia de Copacabana, eu não preciso de termômetro, eu sei quantos graus está fazendo naquele dia. Eu vivi aquilo. Eu trago, em todas as minhas cicatrizes de vida, o retrato de quem eu sou e de quantas guerras eu enfrentei.

OS TRÊS TIPOS DE PESSOAS

Depois de criar e praticar aquela minha primeira fórmula, a de identificar o erro, aceitá-lo, corrigi-lo e não cometê-lo novamente, passei a observar as pessoas ao meu redor e acabei construindo uma maneira própria de ver o mundo. Eu não via o mundo com o mesmo filtro que todo mundo via. Eu as observava de uma outra maneira.

Foi então que criei outra fórmula identificando os três tipos de pessoas que existiam no planeta. Era tão simples perceber aquilo que eu me perguntava como ainda não tinha notado até aquele momento.

Foi quando notei que só existiam três tipos de pessoas:

As que vivem.

As que sobrevivem.

E as que passam.

As que vivem – São as águias que já identificaram qual é a missão delas nesse planeta, porque já superaram tudo que tinham que superar e estão focadas a irem em busca da missão sem cessar.

Muitas vezes as águias tiveram vontade de parar, desistir.

Caíram, escorregaram, erraram muitas vezes, mas passaram pela fórmula do "errar, corrigir e reparar", repararam todos os erros e tocaram para frente.

O resultado é que estão aí, vencendo na vida.

Estas são as águias, as que estão vivendo.

As que sobrevivem – essas normalmente até observam as águias, mas não têm coragem de desapegar do mundo atual e mudar a maneira como estão vivendo, por estarem habituadas aos próprios erros.

Elas não conseguem desapegar dos prazeres do mundo, da convivência com os pardais, desapegar das pessoas que não agregam valor, das coisas que não agregam valor, de viver por vaidade, de querer agir em função da manada, de ficar prestando conta da vida para manada o tempo todo, de se destoar das famílias, de achar que valorizar pai e mãe já é uma ideia ultrapassada.

Estas pessoas são as que sobrevivem. Elas até estão à frente de quem está apenas passando, mas estão apenas sobrevivendo.

A diferença é que estas conseguem enxergar as águias. Se essas trabalharem um pouco mais, podem até chegar onde estão as águias.

Elas precisam aprender a identificar, aceitar e corrigir os erros, e não errar nas mesmas coisas novamente, porque aí elas estarão apenas sobrevivendo. Conseguir fazer isso pode ser o primeiro passo para, enfim, voar rumo às águias.

As que passam – esse terceiro grupo de pessoas são as que estão apenas passando, que já jogaram a toalha, que estão vegetando, que não estão somando em nada e são quase como um peso extra na Terra. De vez em quando pessoas desse grupo partem para dar um fim nas próprias vidas, são como verdadeiros zumbis, vagando para lá e para cá sem rumo, sem direção e, como diz a canção, *"sem lenço e sem documento"*.

Estas pessoas estão apenas passando.

Estes são os três tipos de pessoa que temos no planeta e qualquer ser humano pode escolher qual tipo ele será.

Não subestime aquele que está passando, porque se ele acordar o gigante que existe dentro de si, pode mudar tudo ao seu redor.

Não subestime os que sobrevivem, até porque estes estão observando aquele grupo de pessoas que estão vivendo. Logo, quem observa pode aprender e, aprendendo, pode chegar.

PAGUE AQUELE MALUCO QUE TE EMPRESTOU OS 10 REAIS. ISSO SE CHAMA MANTER AS PORTAS ABERTAS. É IMPORTANTE ISSO.

Se o coração ainda bate, se o pulso ainda pulsa, nada está decidido como 100% vitorioso ou 100% derrotado.

Não é porque a pessoa é águia que ela não vai passar pelas suas turbulências.

Se ela não tiver muito foco e não tiver a mesma determinação, se ela não for determinada depois das quedas, ela pode passar apenas a sobreviver e, se não tiver cuidado e não aguentar essa queda, ela pode até cair para aquele grupo que está apenas passando. O mesmo pode acontecer com quem está só passando, ele pode reagir e subir ao topo, invertendo todos os padrões e lógicas. Basta querer e determinar. Então qualquer um de nós tem a chance de viver, sobreviver ou apenas passar por este planeta. O importante é caminhar e semear sem nunca subestimar quem está apenas passando e sem glorificar quem está vivendo.

Este mundo gira o tempo todo e, quer saber, eu sou apaixonado pelas voltas que este mundo dá.

SE DER TUDO ERRADO, TENHA SUA CAIXA DE ISOPOR

Todo mundo sabe que brasileiro é um povo imediatista. Os caras querem tudo para hoje. Só que uma empresa, por maior ou menor que seja, vai demorar um certo tempo para crescer. O decolar de qualquer empresa é de no mínimo dois anos.

O brasileiro quer tudo para hoje. Ele quer ser empreendedor, tem 20 mil, compra 10 mil em camisa em uma loja, começa a vender camisa hoje e não sabe que se ele vender uma camisa pela internet e a camisa custa 30 reais, o correio vai cobrar dele 80 reais para mandar para Maceió e o preço da camisa vai subir para 120.

Mas ele vai vender umas vinte camisetas para uns amigos que conhece, mais umas dez pessoas que são curiosas, e vai ganhar 2 mil com a venda e achar que está nadando no dinheiro. É comum esse despreparo. Ele começa a festejar aquilo e aí está tudo errado.

Por que está tudo errado? Porque, por exemplo, se você conseguir chegar ao seu primeiro milhão, você não pode comemorar com ele. Você vai ter que usar todo o dinheiro investindo em você para que desse 1 milhão você consiga fazer mais 1 milhão.

O brasileiro consegue o primeiro milhão e já compra um carro de 500 mil, ou uma casa de 300 mil, e perde a conexão com a raiz. É claro que desse jeito ele não vai chegar ao segundo milhão, porque ele é imediatista.

Ele se ilude, se perde e ele quer ter cada vez mais coisas. Ele quer ter 1 milhão para esbanjar para os outros. Ele vive em função de um público, ele não sabe o que fazer. Ele vai viver para prestar contas para a sociedade.

Na verdade, ele deve parar e pensar *"Espera aí, eu tenho 1 milhão, desse 1 milhão, eu preciso fazer dois. Como que eu vou fazer?"*

Não estou dizendo que ele não pode crescer, mas ele poderia andar em um carro de 100 mil e usar 400 mil para investir nele mesmo, para fazer esse primeiro milhão virar 2 milhões.

Se você pegar toda riqueza do planeta e distribuir em partes iguais para todos os seres humanos do mundo, em pouquíssimo tempo ela volta para as mesmas mãos. Porque ninguém fica rico pelo que ganha, mas pela maneira como usa o dinheiro.

O que determina o milionário não é a quantidade que ele tem no bolso, mas o que ele vai fazer com o que ele tem no bolso. Se o cara, por exemplo, ganhar 1 milhão, ele deve pensar da seguinte forma: 333 mil ele deve investir ou reinvestir no negócio dele, comprando mais matéria prima ou ampliando a estrutura. Os outros 333 mil ele deve investir no banco para poder gerar renda para ele, e os 334 mil restantes, ele pode gastar ou comprar o que ele quiser, esse é o valor real que ele ganhou. Porque as outras duas partes ele deve investir no futuro dele.

Mas um indivíduo que ganha na Mega Sena, por exemplo, acha que aquele dinheiro todo não vai acabar. O cara ganha na Mega da Virada e leva 50 milhões sozinho, daí ele compra uma lancha sem saber onde guardar. Ele descobre que o Romário está vendendo uma ilha e compra a ilha do Romário. Aí quando ele vê, ele tem uma ilha, um imposto a pagar e a Ferrari que não pode andar na rua, sendo que com o imposto da Ferrari ele comprava cinquenta carros.

Estou dando um exemplo exagerado, mas quero dizer, basicamente, que o cara não sabe disso. Mas aí ele já comprou a Ferrari, já comprou a lancha. E aí, ele vai voltar a ter zero, mas mais do que o zero, ele vai ter um problemão para resolver. Um problema que ele não sabe como resolver porque ele nunca lidou com dinheiro na vida.

Eu penso que quem trabalha com educação no nosso país precisa parar e identificar como estão sendo educados os jovens. Tem universidade que não fala de empreendedorismo. Mas o mundo mudou e estas pessoas que criaram o sistema de ensino precisam entender que a forma como tudo está sendo feito está errada. As pessoas chegam na idade adulta sem estarem preparadas para a vida.

O Brasil só não teve um colapso porque o empreendedor, o gigante que está dentro de muita gente, se levantou. E levantou sozinho, sem aprender na escola a fazer dinheiro. Sem aprender a gerir dinheiro e a pensar de forma inteligente no dinheiro que ele ganhar.

O cara que saiu de uma multinacional gigante começou a vender doce, a mulher que saiu de uma faculdade começou a trabalhar. O outro saiu de não sei onde e começou a vender camisa, o outro foi vender água. Essas pessoas acordaram e viram que CLT não era garantia de segurança nenhuma e foi por isso que esse Brasil não quebrou. Porque os empreendedores seguraram esse Brasil no colo.

Não aceitar isso é fechar os olhos para a realidade.

A economia só girou por causa deles e eu não estou falando de grandes empreendedores. Empreendedores pequenos, que fizeram milagre com pouco dinheiro. Os caras estão lá na base, não são estatísticas, mas seguraram o rojão que nem a Mangueira, que brincou Carnaval sem verba.

O Rick lá na areia segurou o rojão. Prova disso é o que eu estou fazendo hoje. Mas está cheio de Rick por aí, e esse Brasil só não deu um colapso porque nós não permitimos.

Foi porque esse gigante acordou dentro da galera, e a galera não sabe. Só que esse gigante, quando ele acorda, ele tem fome, e então voltamos lá na semeadura. Você tem que plantar para comer. E você vai comer o quê? Esse gigante precisa se informar, precisa se educar. Porque o empreendedorismo é uma potência, ele é uma realidade hoje de uma geração diferente, e não aceitar isso é um problema.

Essa geração precisa de uma educação pensada para formar pessoas que não precisam trabalhar para alguém. Esse formato precisa ser repensado.

Ao mesmo tempo, a sociedade precisa repensar a maneira de educar os filhos. Base familiar é uma coisa que está deixando de existir.

Hoje, principalmente os empreendedores, ao invés de trabalharem a favor deles próprios, trabalham contra.

Por exemplo, se a família diz para o sujeito: *"cara, empreender é viagem, vai procurar uma* CLT, *vai fazer um concurso público"*, aí o empreendedor, ao invés de trabalhar para mostrar resultado e conseguir mudar a concepção primeiro dentro de sua casa, até como exercício para ele conseguir mudar a concepção lá fora, ele vira as costas para a própria família.

O que acontece é que ele acaba achando que o mundo e a família estão contra ele, mas se esse mesmo mundo virar as costas para ele, ele fica sozinho.

É normal que a família fique contra o empreendedor. Esse posicionamento acontece porque nossos pais são de uma geração que foi doutrinada para seguir essa cartilha à risca: nascer, crescer, fazer uma faculdade, passar no concurso público, morrer em casa como aposentado. A família da maioria das pessoas passa esse caminho como a alternativa certa para os filhos e netos.

Mas os filhos discordam, se rebelam contra a família e se jogam no mundo perdendo a conexão com a raiz, ou seja, com a base. Sem conexão com a base ninguém tem como lidar com os problemas que virão.

A pessoa que não tem conexão com a base não está preparada para lidar com as quedas. Só com o sucesso que vem.

No fundo, no fundo, você tem que se preparar para a queda, não para o sucesso. Porque, quando houver uma queda, só vai sobrar a família, que foi justamente para quem você vai ter virado as costas. E aí não tem como solucionar o problema, porque quando olhar para trás, estará todo mundo virado de costas para você também.

Então, aí, ao invés de pegar e contornar o problema, ele terá que primeiro pedir perdão para a família. Mais uma vez, entramos naquela fórmula que eu criei. Identificar o erro, aceitar e cor-

ESTOU LEVANDO UMA ESCADA, POIS SE EU CHEGAR AO TOPO, QUERO DESCOBRIR O QUE HÁ ACIMA DO TOPO.

rigir o erro e não errar novamente. Ele vai ter que identificar que foi injusto com a família, aceitar isso e pedir perdão.

O brasileiro tem uma dificuldade enorme de pedir perdão de coração para as pessoas e isso precisa ser corrigido. Se a família aceitar o perdão, ele vai ter que começar tudo novamente. Se ele tivesse feito isso lá no começo, talvez ele tivesse tido mais sucesso.

Qualquer família básica tem no mínimo cem pessoas ligadas diretamente. De repente, só a família dele já conseguiria fazer a ideia dele virar uma empresa. E ele virou as costas para a família.

Então fica ainda mais difícil lidar com o problema. Eu consigo lidar porque meu pai foi muito fiel à nossa formação familiar. Em nenhum momento eu ou meus irmãos nos viramos contra a nossa família. Quando você vira as costas para sua base, você perde a conexão com a raiz, acreditando que isso é voar.

Você tem que ter sempre um ombro onde você possa se escorar.

Todo ser humano precisa se preparar para o dia em que tudo der errado, e antes de se preparar para dar certo. É a minha teoria. Se tudo der errado, o que eu vou fazer? Antes de se preparar para o sucesso, ele tem que se preparar para a derrota. Todo mundo tem que ter a caixa de isopor.

É isso. Se der tudo errado, todo mundo tem que ter a sua caixa de isopor.

E eu sou esse cara. E eu tenho a minha família. Eu já criei o plano B da minha vida. Então, se der tudo errado, a minha caixa de isopor continua lá e eu sei onde compro água e sei onde compro gelo.

Todo mundo tem que ter a sua caixa de isopor. E as pessoas, no geral, não têm essa caixa de isopor.

As pessoas estão perdidas achando que o milhão que vale, porque perderam a conexão com a raiz. Porque a família é a maior riqueza que nós temos. Eu considero meu pai o cara mais rico que eu conheço e meu pai não tem um império. Mas ele distribuiu a riqueza dele.

As pessoas se iludem com esse milhão porque a referência delas é milhão financeiro. E esse milhão financeiro não vai resolver tudo na vida. Você pega pessoas famosas que faleceram com doenças incuráveis e que o dinheiro não resolveu.

Com o dinheiro você compra o crucifixo, mas não compra a fé. Você compra remédio, mas não a saúde. Então, não é por aí.

Quando você tem a humildade de entender que o dinheiro compra o crucifixo, mas não a fé, você tem que respeitar o Criador. Porque, se você não respeitar, ele vai falar *"não, você só tem o crucifixo. A fé o dinheiro não vai comprar, não".* O crucifixo você vai na loja com dinheiro e compra, mas a fé não. Então, se o cara não entender isso, ele vai sofrer, porque ele acha que a fé está no crucifixo. Que a fé está na posse, e ela não está na posse.

As pessoas se apegaram tanto à posse que se perderam no meio do caminho. O que você precisa saber é de onde você veio, porque, se você não entender de onde você veio, você jamais vai saber para onde você vai.

Então, quem não sabe de onde veio, jamais saberá para aonde ir. Eu falo isso, porque você vem do ventre de uma mãe, aí quando chega aqui, alguém corta o cordão umbilical e é a vida te dizendo: *"olha, daqui para lá a vida é com você, mas você veio daqui, a sua raiz é aqui."* E as pessoas perdem essa conexão.

Quando um sujeito diz que está "voando" é preocupante, porque precisa ver se a conexão com a raiz continua no mesmo lugar. Eu voo, mas a caixa de isopor está aqui.

Alguns desses caras que normalmente têm um milhão perdem a referência. Eles jogam a caixa de isopor fora. A minha não. Mesmo que eu nunca mais vá usá-la, mesmo que eu more na Barra da Tijuca, ela vai estar lá na sala da minha casa.

Se, de vez em quando, eu resolver vender uma água na praia, ela vai estar lá. As pessoas não têm isso, as pessoas compram uma Ferrari e esquecem que andaram a vida toda num Chevette, num ônibus.

O ônibus continua lá, mas ela não se vê mais lá. O trem já não serve mais para ela.

Eu tenho a minha caixa de isopor e acho que todo mundo precisa ter uma caixa de isopor na vida. Porque, se der tudo errado, tem que ter a caixa de isopor.

Não se engane: vai dar errado. E quando der errado, você vai falar *"Cara, e agora? O que eu faço?"*

A pergunta é: *"O que você fez com a sua caixa de isopor?"* Quando der errado, a pergunta não é *"o que eu faço?"*, e sim *"o que eu fiz?"*.

Cadê a sua caixa de isopor?

– Ah, não sei. Joguei fora.

Então está explicado.

Saber recomeçar é o maior segredo. Repito: antes de se preparar para o sucesso, você tem que se preparar para a queda. Ela virá. Pode se preparar que ela virá.

Você perde tanto tempo com besteira que você não está preparado. Se você quer se preparar para o sucesso sem se preparar para a queda, você não está preparado.

NA INTERNET, VOCÊ NAVEGA OU NAUFRAGA?

Essa é a pergunta que eu mais tenho vontade de fazer a essa gente que está com o mundo na palma das mãos e que não vê isso.

Todos os dias quando acordo, independente do que eu tiver para fazer e onde eu estiver, eu faço a mesma coisa: a primeira delas é agradecer a Deus pela colheita.

Eu sempre falo: *"Obrigado, meu Deus, pela colheita, porque eu sei o que eu plantei."* Mesmo quando eu estava mal, eu não questionava o Criador, porque eu falava: *"Isso é um vendaval que está passando pela minha colheita, mas eu vou continuar aqui. Eu não vou abandonar, não fugirei à luta, não. Se a vida realmente é a Lei da Semeadura, em algum momento eu vou colher isso aqui, então obrigado por eu ter semeado. Eu não sei quando, mas eu vou colher."*

Em 2016 eu me abati, mas eu não desacreditei, nem questionei o Criador. Eu sempre agradeci. Todos os dias quando acordo, coloco o pé no chão e digo: *"Independentemente da dificuldade, da circunstância, do quão pareça ser impossível, eu prometo a mim mesmo que vou levantar todos os dias para honrar o quadragésimo segundo verso do hino que diz 'Verás que um filho seu não foge à luta".*

A segunda coisa que faço é ligar para o meu pai, porque ele é a minha âncora, né? Meu pai é meu chão. Ou seja, eu já acordo me conectando com a raiz.

O que as pessoas não percebem é que elas estão se ancorando em coisas de mentira.

SERÁ QUE VOCÊ REALMENTE NÃO TEM DE ONDE TIRAR 1 REAL PARA COMEÇAR SEU EMPREENDIMENTO?

Por exemplo, o Rick é o cara do Instagram. Se der a louca no dono do aplicativo do Instagram hoje e ele resolver destruir essa rede, eu não tenho mais nada. Não posso ficar me ancorando nesse mundo virtual. Se cai o virtual, aí eu quero saber quem tem raiz.

Ouço uma galera dizer que o mundo virtual é o futuro, mas não é. Ontem mesmo achávamos que o Orkut era a melhor rede do mundo, e ela acabou. Então, se o Instagram acaba e o Rick tinha só seguidores, o que ele faz?

A caixa de isopor dele está aqui. Intacta.

Mas uma galera não está preparada para isso. Se Brasil virar uma Coreia do Norte e ninguém mais puder usar internet, o que você vai fazer? Se o seu mundo é virtual, você não está preparado para vida real.

O mundo de muita gente é virtual em todos os sentidos. Você já percebeu isso?

Não é só questão de só ser... a pessoa não vive a vida. Ela vive a vida da internet. Ela não sabe o que é vida real. As pessoas precisam tomar cuidado com essa vida virtual. As pessoas estão tão virtuais que elas acordam, em uma casa com cinco, seis pessoas e o primeiro ato delas antes de agradecer a Deus por ter acordado, é pegar o celular e olhar o que está acontecendo no mundo.

As pessoas acham que elas precisam se conectar com o mundo primeiro, sendo que a raiz está ali. Ele não deu um beijo na esposa, ela não foi no quarto para saber se a filha está viva, ele não viu se o cachorro não embolou na coleira, mas ela já olhou o WhatsApp e mandou bom dia no grupo da galera, ou já respondeu com um "*kkk*" a uma piada.

Então, tem que tomar cuidado com isso, porque isso quer dizer que essas pessoas perderam o contato, perderam a conexão com a raiz. E aí, elas podem ter um milhão no bolso, mas elas não têm uma paz interior, porque a paz interior está ali do lado delas e elas nem notam essa paz, antes de olhar pro mundo.

Esse mundo virtual que caiu no colo das pessoas, se não for trabalhado, vai ser responsável por muito trabalho dos psiquiatras do futuro, porque todas essas pessoas irão precisar de um psiquiatra.

A coisa chegou a tal ponto que, se você perder a sua avó hoje e no mesmo dia você perder seu telefone, a sua avó passa a ser menos importante do que o seu telefone, porque você se desespera. A matriarca de sua família se foi naquele dia, mas você está mais preocupado com o smartphone que você perdeu.

Então, a nossa sociedade está nesse nível e a tendência é só piorar.

Hoje, a maioria das pessoas não consegue ficar duas horas sem olhar o telefone.

As pessoas estão virtuais a tal ponto que vez ou outra me deparo com a seguinte pergunta:

– Rick, como faço para postar um vídeo e ter um terço das curtidas e visualizações dos seus vídeos?

Para elas o que interessa são as curtidas e visualizações. E o pior, não é para monetizar, porque se fosse para isso, ainda poderia ter sentido tal pergunta. Mas a maioria é apenas por vaidade de conseguir se transformar no próximo influencer. Pura vaidade e ego. Nem que para isso seja necessário tirar a roupa, ficar nu ou qualquer outra coisa que coloque tal pessoa em destaque. E aí eu lhe pergunto: para quê? Para ficar bem com a galera, para prestar contas à manada. Literalmente vivendo para os outros. Totalmente desnecessário.

Você pega uma criança. Até os três anos de idade é quando ela vai guardar na memória o que é bom para ela, quando vai aprender as coisas mais importantes, sem nem se dar conta. Ela aprende a falar pai e mãe, que são as principais figuras da vida dela. E se você pegar e der um livro na mão dessa criança, nessa fase, e disser *"ah, isso aqui é um livro"*, ela vai se adaptar com aquilo e vai saber que aquilo é bom, que aquilo é importante.

Ela vai crescer querendo pegar num livro. Mas o que você faz? Dá de presente para ela um tablet e ainda enche a boca para dizer que deu um de última geração. Puro ego. Mal sabe você que, agindo assim, está dando sua parcela de colaboração para criar uma geração de zumbis. Hoje, você vai a um restaurante e é cada vez mais comum ver uma mesa com quatro, cinco, seis pessoas ao lado umas das outras, sem trocar sequer uma palavra, sem nem mesmo sentir o gosto da comida, todo mundo no celular. Seis pessoas compartilhando um momento tão importante quanto uma refeição, mas cada um conectado em seu mundinho privado. Nessas horas, me lembro daquela noite em que meu pai nos levou para jantar no restaurante pela primeira vez, me lembro exatamente do sabor daquela coxa de frango. Se fosse hoje, será que teríamos jantado sem conversar, sem saborear a refeição em família?

E quando resolvem se comunicar entre os que "aparentemente" estão no mesmo ambiente, mandam mensagem um para o outro. A pessoa não expressa nenhum sentimento, mas sai de um *"kkk"* na tela de um celular e acha que isso é um sorriso. O sorriso virou algo virtual entre pessoas que estão no mesmo local, no mesmo ambiente. Está errado.

Isso sem contar os segredos das senhas individuais de cada celular que, na maioria das vezes, servem para esconder a podridão da vida pessoal. Ninguém pode saber sua senha, senão sua casa vai cair. Aí a pessoa passa mal no trabalho, na rua, na escola e ninguém consegue acessar o aparelho, porque está com senha. Resultado; ninguém consegue encontrar um familiar, saber onde mora a pessoa ou coisa do tipo.

Pessoas dizendo: *"Minha vida está dentro deste aparelho, se eu perder ou for roubada, eu morro."*

Como assim, gente?

Mas isso tudo é pouco perto do que considero o maior dos absurdos, que é o fato de nove em cada dez pessoas que têm um smartphone poderia estar ganhando dinheiro pelo celular, trabalhando com ou pela internet. Mas este número não chega a um em cada dez. O número é zero vírgula alguma coisa. Não chega a um usuário conseguindo monetizar via smartphone.

Aí eu lhe pergunto: para que você tem um aparelho de 4 mil reais e ainda tem um plano de internet, minutos para isso e aquilo, o mundo na palma das mãos, se não consegue fazer dinheiro com isso?

E vem você e me diz; *"Rick, mas meu sonho era esse aparelho."*

E eu retruco, afirmando que você precisa escolher melhor seus sonhos ou eles se tornarão pesadelos.

Não pode ser assim. Não pode continuar assim.

Não aceitar isso como erro, é outro erro. Aí voltamos àquela fórmula de identificar e corrigir.

Se você está fazendo isso, você já se perdeu a ponto de não ter nenhuma conexão com a raiz.

Na minha época, nós tínhamos poucos recursos e a gente ficava louco para que chegassem as férias e todo mundo pudesse ficar junto. Hoje em dia, as pessoas estão perdendo tanto a conexão que os pais ficam: *"quando as férias vão acabar, eu estou doido para mandar esse menino para escola".* Como assim, querer se livrar das crianças?

Hoje parece que é mais importante estar com seu amigo do que estar com seu filho, e a tendência é piorar. A menos que alguém chame a responsabilidade para si e grite aos demais: *"olha, galera, está errado isso aí."*

Precisamos voltar àquela minha fórmula de identificar e corrigir o erro, porque deu tudo errado.

O maior problema atualmente não é olhar o que precisa ser feito para frente, mas identificar o que está errado hoje, aceitar esses erros enquanto nossos e corrigi-los no hoje, para que, aí sim, possamos falar em seguir em frente.

Esse é um erro muito grande não só do empreendedor, mas também de uma parcela significativa da sociedade. Ninguém quer pausar e olhar o que está acontecendo.

Não dá para ficar vendo isso acontecendo toda e continuar querendo olhar só lá na frente.

Eu nasci em 1977, eu tive a adolescência na década de 90 e eu não tinha contato algum com tecnologia. Meu pai viajou o Brasil todo sem ter um celular na mão e esse cara é riquíssimo, mentalmente falando.

Hoje, nós temos uma geração sem calor humano, isso se perdeu. As pessoas acham que isso não é importante e vivem falando de internet, que a tecnologia vai mudar o mundo. Não, o que vai mudar o mundo é a retomada desses valores humanos que estão se perdendo.

Nós precisamos separar o joio do trigo e usar a internet a nosso favor, não contra, porque a maioria usa contra.

Só que quanto mais a internet e a tecnologia avançam, menos vejo o ser humano acompanhando verdadeiramente este avanço. E isso é gravíssimo! Volto àquela minha máxima de estar pronto. O ser humano não está pronto e sequer está se qualificando para estar pronto para acompanhar esses avanços. E se ele não está pronto, as consequências podem ser uma catástrofe sem precedentes.

Duvida disso? Então faça um experimento: compre um smartphone, escolha o modelo mais caro do mercado. Depois leve este para um local de grande circulação de pessoas de sua cidade. Chegando lá diga que dará o aparelho de presente para quem responder cinco perguntas sobre o funcionamento ou sobre as possibilidades que contém ali na palma de sua mão. Sabe o que vai acontecer? Você vai voltar com ele para casa todas as vezes que fizer isso, porque as pessoas não sabem para que servem esses aparelhos. Elas apenas conhecem três ou quatro funções ou aplicativos, mas não passa muito disso. Isso é inaceitável. Não justifica ter um aparelho sem saber usar, sem usufruir de no mínimo um terço de seus recursos. Isso é jogar dinheiro fora sem nenhum motivo aparente.

Hoje as pessoas me perguntam: *"Como que você consegue? Você tem mil novos seguidores por dia!"* E eu sou direto na resposta: *"Trabalhando".* Mas as pessoas não querem trabalhar, elas só querem a fórmula para conseguir seus méritos e, se possível, saltar do ponto inicial direto para o que você chegou. Querendo comparar o primeiro capítulo delas ao seu vigésimo. Isso não existe. Ou a pessoa faz os demais dezenove capítulos dela ou aceita o seu vigésimo ser maior do que o primeiro que ela tem. Simples assim.

Então, a fórmula do vendedor de água se aplica em qualquer negócio. Seja uma página em redes sociais, seja num pequeno empreendimento, se eu estiver vendendo bolo ou qualquer outra coisa. Aquela fórmula é básica e elementar. Porque ela é raiz.

Tudo que é raiz é elementar.

Tudo que você precisa é estar conectado com a sua raiz. É bem comum que você esteja buscando nos galhos, nas folhas, mas o que você precisa mesmo é estar conectado lá na raiz. Então você precisa olhar para trás, ao invés de olhar para frente. É o que você precisa para progredir.

E, para finalizar este capítulo, depois de ler tudo que eu disse acima, deixo novamente a pergunta lá do título para vocês: *Na internet, você navega ou você naufraga?* A escolha é sua.

O QUE É O TOPO PARA VOCÊ?

Uma vez uma jornalista me perguntou:

– O que o Rick faria se chegasse no topo agora, por exemplo? E tivesse conquistado tudo que queria, tanto financeiramente, quanto os objetivos profissionais? O que o Rick faria?

Minha resposta foi imediata:

– Eu investiria nas pessoas.

Para mim, investir nas pessoas é o que nos fará mudar o mundo. Transformar a vida das pessoas, em todas as esferas da nossa sociedade é o que precisa ser feito imediatamente.

Quando você fala em investir em pessoas a galera logo pensa lá no morro, mas não é o morro que precisa mudar a mentalidade. Você precisa mudar a mentalidade de quem tem dinheiro e ainda não conseguiu mudar a mentalidade daquele povo. Tem que mudar a mentalidade de quem tem dinheiro, para que eles vejam de uma forma diferente quem está lá na ponta.

Eu tenho só que mudar a mentalidade de quem está lá na ponta, porque eles precisam olhar de forma diferente para quem está lá em cima. E eu preciso pegar essas duas classes e trazê-las para o meio e dizer: *"Vocês precisam ser meio, se ninguém topar ser meio, vocês não têm ligação. Se vocês não têm ligação, sempre teremos um problema aqui"*.

Eles não têm ligação. O cara que está lá em cima acha que a base é o problema, mas a base é que garante ele estar lá em cima.

A base acha que ele estar lá em cima é o problema, mas a base precisa desse cara lá em cima para conseguir andar.

Eu acredito na política feita pelas pessoas, porque as pessoas transformando a si mesmas, automaticamente vão transformar a política. Eu acredito na política feita na base, não num candidato X.

Mesmo que esse cara venha do meio, ele se corrompe, se ele não transformar as pessoas.

Por isso que eu digo: se eu perder a minha conexão com a raiz, as pessoas vão me destruir e destruir tudo que eu possa ter conquistado. Foi isso que aconteceu na política e isso pode acontecer em qualquer lugar.

O único caminho para mudar a forma de se fazer política no Brasil é investindo nas pessoas. Porque são as pessoas que precisam saber qual o mecanismo. As pessoas não têm que sair com nome pronto de algum lugar.

Hoje as pessoas se dividem em quem apoia A e quem apoia B e essa pessoa que apoia A não ouve B. Ela não quer saber porque é alienada pelo A e, da mesma forma, quem apoia B não ouve A, e isso está errado.

Eu acredito que deveríamos ouvir quem apoia o outro do qual discordamos para poder dar um contraponto e estabelecer uma comunicação. Só crescemos assim. Eu apoio o partido B, por exemplo, mas se ouço o outro posso aproveitar algo que ele diz.

No entanto, as pessoas não estão preparadas, nem mesmo para ter discussões saudáveis que possam abrir a mente delas.

Isso acontece não apenas com a política, mas também com a religião. Estas pessoas não estão preparadas para discutir religião, porque elas estão bitoladas. O evangélico acha que o católico está errado, o católico acha que o Pai de Santo é louco. O Pai de Santo acha que o budista não existe, e as pessoas precisam entender que a fé é tão universal que nós não precisamos discutir a religião, nós precisamos discutir a fé.

Não tem que tirar uma foto unindo líderes de religiões diferentes para ter curtidas em redes sociais, mas sim para eles saberem que podem viver em comunhão, independentemente da crença de cada um.

Assim como aprendi com meus pais, religião cada um segue aquela que lhe faz se sentir bem. Na minha família, sempre respeitamos um ao outro e nunca ninguém quis impor a outro a própria religião, tanto que cada um dos cinco filhos seguiu um caminho diferente.

O que se perdeu, na verdade, entre as pessoas, foi a ligação com a raiz.

Em sua maioria, todo brasileiro vem de alguma família que tem forte ligação com alguma religião, mas a atual geração vem perdendo essas conexões com a raiz e, como consequência, perderam a conexão com a fé. Certamente está na sua raiz alguém muito ligado à religião e à fé, mas hoje eu vejo que as pessoas perderam os ensinamentos básicos.

Elas se afastaram da religião, mas também se afastaram da fé, elas não respeitam mais nem os próprios pais, não pedem a bênção para a vida, não se ajoelham diante do Criador e agradecem ao dia que nasce, nem se curvam para mostrar humildade diante da vida.

Enquanto sociedade, precisamos nos reconectar com a raiz. Não somos um perfil de rede social. No dia das mães a pessoa coloca a foto da mãe para prestar contas para a população, e não porque se orgulha da raiz.

Quando recebi a proposta do Flávio Augusto, eu disse que antes de dar uma resposta final iria conversar com meu pai. Fiz isso porque enquanto a maioria diria *"onde eu assino"*, eu fui ouvir minha raiz, porque eu tenho conexão com essa raiz. E talvez seja por isso que eu esteja conseguindo caminhar e chegar à frente de alguns. E eu tenho a conexão com a raiz e tenho minha caixa de isopor.

As pessoas perderam as duas coisas. A conexão com a raiz e a com sua caixa de isopor. Quando as pessoas perderam a raiz, mas ainda têm a caixa, ainda têm alguma coisa para se apegar, mas, quando perdeu a raiz e perdeu a caixa, aí essa pessoa está na pior.

Quando ela olhar para o que deu errado, ela vai enxergar que está sem raiz e sem a caixa de isopor. E aí pode ser tarde demais.

Para se dar bem você precisa da família e de uma caixa de isopor.

Ainda me lembro do dia que a minha mãe foi internada. Eu tinha apenas cinco anos, mas sabia que nossa família era tão unida que um podia se ancorar no outro. Ninguém se sentiu inseguro nem quando fomos fisicamente separados para que a tia pudesse cuidar dos mais novos lá no Rio. Todo mundo sabia que a família ia dar um jeito de cuidar de cada um da melhor maneira possível e tínhamos uns aos outros para chorar, para olhar nos olhos, para sentir confiança.

A minha felicidade vem disso tudo. Vem dessa conexão e de saber que, naquele dia que eu me senti na pior, tinha alguém para me lembrar de quem eu era. Você precisa saber que quando estiver no que chamo de topo, muita gente vai querer segurar na sua mão, mas quem vai estar ao seu lado quando você não estiver mais lá?

Os períodos mais infelizes da minha vida foram os que me distanciei da minha família ao acreditar que o mundo era capaz de me trazer felicidade. Eu vivi a ilusão do palco, da política, dos prêmios das quadrilhas de festa junina, das falsas amizades e acreditei que estar cercado de pessoas importantes era algo que preenchia a minha vida.

Os momentos mais infelizes da minha vida foram os que eu voei sem olhar para minha raiz.

É engraçado como as pessoas acreditam que se cercar de pessoas que sorriem o tempo todo e postam suas vitórias nas redes sociais é algo que deve ser priorizado e se esquecem que quem sempre esteve ao lado delas *de verdade* foi a família. Quem incondicionalmente o apoia sempre foi a família, porque amor incondicional é amor que não impõe condições para existir. Para seus pais não importa se você é rico ou pobre, importa se você está bem. São pessoas que se importam de verdade com a sua vida, independentemente de discordar das suas escolhas.

O ÚNICO FATOR
QUE LEVA UM
BURRO A PUXAR
UMA CARROÇA
É A FALTA DE
CONHECIMENTO
DE SUA
PRÓPRIA FORÇA.

A raiz para mim sempre foi uma felicidade muito grande e eu digo e repito que o meu maior acerto nessa vida não foi o vídeo da água. Foi eu não ter perdido a conexão com a raiz.

Esse foi meu maior acerto.

A minha plantação tinha sido meio descuidada, mas estava lá. O cara que vendia verdura aos oito anos lá em Minas Gerais era o mesmo que vendia água em Copacabana.

Esse cara hoje tá aí caminhando rumo ao topo, mas o vendedor está indo com ele, e a caixa também.

O topo é um lugar onde só vai chegar quem entender que precisa abrir mão de muita coisa para estar lá. O topo é quando você consegue a possibilidade de transformar o mundo onde você vive, transformar as pessoas com as quais você convive através do exemplo que você passa a ser durante a sua caminhada.

O topo não tem nada a ver com posses.

O topo tem a ver com você conseguir ser referência para um povo, dentro do que consegue fazer. O topo para mim é meu pai e ele não é um milionário, mas ele conseguiu ser referência para os demais.

As pessoas acham que o topo é um milhão de reais, só que o topo, para mim, hoje, não tem nada a ver com conta bancária recheada.

Eu já estou no topo por causa da referência que eu estou sendo ao caminhar com dignidade, sem perder a conexão com a raiz.

Eu estou fazendo com que gigantes acordem, que um jogue água no rosto do outro e diga: "*acorda aí*". E isso é um tipo de topo.

O topo é você conseguir transformar a vida das pessoas através de exemplos dignos, verdadeiros, éticos e morais. Valores morais e não valores financeiros. Isso para mim é chegar ao topo. Isso é uma busca infinita.

Quanto mais você conseguir caminhar, mais você tem que despertar nas pessoas a vontade de caminhar também. Se as pessoas começam a parar e dizem "*não vou conseguir alcançar*", então você precisa parar também.

Se você não parar para voltar e andar junto com estas pessoas, nada justifica o fato de você continuar caminhando.

Você tem que ser uma referência para as pessoas, mas uma referência visível e palpável, não uma foto ou um perfil de Instagram.

Quando visito os projetos sociais, as pessoas se acendem ali, os gigantes se levantam.

Você tem que ser referência para os demais dentro do que você se propõe a fazer.

Certa vez fui a um projeto dentro de uma comunidade e o projeto se chama Associação Izaias Luzia da Silva. O que essa associação faz? Em resumo, ela faz as vezes do poder público onde ela está. Eles dão aula de reforço, aula de cultura, aula de dança, eles falam para uma comunidade que ela tem direito àquilo pela Constituição, porque a Constituição respalda aquilo.

Mas quem deveria defender a Constituição enquanto poder, burla a Constituição ao não oferecer isso para comunidade.

E as pessoas da ponta nem estão sabendo o que é Constituição, mas elas estão fazendo o que a Constituição garante, dando acesso à educação e cultura, fazendo as vezes do poder público. E a Constituição está enraizada no povo da periferia.

Essas associações querem fazer a engrenagem girar e estão fazendo isso.

Se queremos estar no topo, deveríamos nos preocupar em inspirar os outros através das nossas atitudes. De que forma eu inspiro quando chego lá?

Eu inspiro porque eu não sou uma foto. Eu vim de onde eles vieram e eu estou conseguindo caminhar. Um dia eu era um cara que queria que as pessoas ouvissem o que eu estava falando. Não por um status, mas porque eu sabia o que eu ia falar.

Eu queria que as pessoas ouvissem aquilo e eu fui buscar. Fui ouvido e hoje sou ouvido por milhares de pessoas que pedem que eu diga algo para que elas tenham uma diretriz, quando estiverem perdidas.

O meu "levantar" só se justifica porque as pessoas vão começando a se levantar quando se dão conta de que eu levantei.

Se o meu "levantar" não causar nas pessoas a possibilidade de se levantarem, eu tenho que me deitar de novo. Deve ser chato levantar sozinho. E se eu não inspirar ninguém a se levantar, preciso refletir e entender porque as pessoas não estão se levantando.

Elas precisam se sacudir e tudo que eu quero é provocar as pessoas para que elas se sacudam.

Hoje já levantei muita gente. Do Morro até os apartamentos do Leblon. Eu consegui no mínimo jogar uma interrogação da ralé para a elite e todo mundo parou para me ouvir.

Nós só conseguimos provocar isso nos outros quando somos uma causa vivida.

O que eu tento fazer com todas as pessoas que encontro pelo caminho hoje é tentar contribuir para que elas já não cometam alguns erros e saibam que, se cometerem, existe uma fórmula para que possam corrigir aqueles erros cometidos, usando o erro como forma de crescimento.

Eu passei essa fórmula e elas têm que fazer isso o mais cedo possível.

O topo não é de quem perde ou de quem ganha. O topo é de quem nunca para de lutar.

A "NEGONA DO PAI DELA"

Eu costumo dizer que a Ludmyla sou eu em um corpo feminino de menor estatura. Eu e a Negona conversamos pelo olhar. Nossa ligação é algo difícil de ser descrita, mas que espero que as pessoas consigam captar.

"Negona do Pai Dela" é como a apelidei.

Independente dos caminhos que eu e Renata trilhamos, sempre estaremos juntos, porque temos a "Negona do Pai Dela".

Ela também tem sua luta pessoal porque, apesar de ter tido uma infância tranquila – ela não passou pelas mesmas dificuldades que eu passei, ela não precisou ter as limitações que tive desde cedo – ela tem a sua luta.

Todos temos.

Desde muito nova notou-se que o olho dela ficava amarelado demais e, aos onze anos, ela foi diagnosticada com hepatite. Aquilo foi um choque enorme, porque a Negona nunca tinha ficado internada e eu nunca tinha me distanciado dela, independentemente do casamento com a sua mãe ter terminado.

A Negona é filha de Renata de Souza Gomes, e costumo dizer que ela é a soma do que eu e a mãe dela temos de melhor. Um verdadeiro filhote de águia.

A mãe dela é uma águia, uma pessoa que dispensa comentários, que mesmo com o nosso casamento desfeito, doou a vida dela para cuidar da Negona.

Ela viveu em função de cuidar. Tenho uma gratidão muito grande pela Renata, porque ela dedicou a vida para criar bem a nossa Negona.

Quando a Negona foi diagnosticada com hepatite, foi um momento muito delicado e complicado. Imagine a internação de um filho e calcule o que é problema de verdade na vida.

Assim que eu e a Renata chegamos no hospital e vimos nossa filha internada, era uma sensação nova.

Eu me lembro como se fosse hoje. Eu e Renata chorando, abraçados, e juntos, lá na calçada, na rua, ao lado de meu pai e minha mãe, enquanto Negona olhava da varandinha do quarto do hospital.

Aquilo era muito forte, a Negona, apesar de ser nova, sempre foi muito adulta, demonstrando inclusive ser mais sábia que as crianças de sua idade. Era como se ela soubesse o tamanho da responsabilidade que caíra sobre seu colo, afinal, não podia comprometer os seus órgãos. Então, ela controlava de forma cirúrgica seus sentimentos para que seu emocional não afetasse sua condição de saúde.

Ela foi diagnosticada com a doença aos onze anos e teve um tratamento intensivo. Na nossa mente de pai e mãe, imaginávamos sempre o pior.

Um filme passava à minha frente. Quando criança eu tinha ficado preocupado em perder minha mãe de forma precoce e naquele momento eu tinha medo de perder a minha filha de forma precoce, ou que algum tipo de sequela ficasse de tudo aquilo.

Eu pensava: *"e se der tudo errado?".*

O medo era enorme, e desde o começo do tratamento ela levava muito a sério e modificava os hábitos alimentares, comendo o que precisava, mesmo sem gostar.

O tratamento dela transcorreu bem. Até hoje ela está se recuperando, e atualmente toma apenas um dos medicamentos.

Hoje ela me acompanha nos eventos e sempre chega como sendo *"filha do Rick"* e sai como Ludmyla. Ela demarca o território e se destaca por onde vai.

ENQUANTO HOUVER 1% DE CHANCE DE DAR CERTO, EU ATUAREI COM 1000% DE DISPOSIÇÃO. DESISTIR JAMAIS!

É determinada e faz tudo da melhor forma que pode ser feito. É como se soubesse que é de uma família de águias e, vinda do ninho que veio, não poderia ser outra coisa.

Minha missão é passar ao menos um terço do que meu pai passou para mim para que justifique minha trajetória.

Só justifica "eu ser" se eu passar essa vontade de ser para a Ludmyla.

A Negona não fugiu à luta e ela lutou sem pestanejar ou cair. Agora ela entra em outra luta, que é concluir o ensino médio e partir para realizar seu sonho maior que é passar no vestibular, fazer engenharia aeronáutica e, enfim, voar de verdade.

VERÁS QUE UM FILHO TEU NÃO FOGE À LUTA

O Hino Nacional do nosso país foi escrito por alguém que estava num momento inspirado. Quando o autor do hino estava escrevendo, certamente Deus estava segurando a caneta.

Minhas palestras sempre são encerradas com a seguinte mensagem:

"Independentemente da circunstância ou da situação, eu jamais vou descer do palco desonrando o quadragésimo segundo verso do Hino Nacional do meu país que diz: 'Verás que um filho teu não foge à luta'".

Eu sempre fui muito fã do Hino Nacional, desde criança. Ele passa uma mensagem muito bacana e hoje sei que a mensagem desse hino sou eu. O cara que escreveu o Hino Nacional foi um iluminado e retratou o nosso povo com sensibilidade em suas palavras.

Quando eu era pequeno, gostava muito de um outro "da Silva", o Ayrton Senna. Eu ficava vidrado quando ouvia o Hino Nacional sendo tocado durante a Fórmula 1 e queria aprender o hino para poder cantar junto.

O Senna era um "da Silva" que era orgulho nacional. O Senna era Brasil. Ele era um cara que não fugia da luta.

Meu pai me inspirava do mesmo jeito. Meu pai nunca tinha parado. Essa frase também refletia a minha mãe, que nunca tinha fugido da luta, mesmo depois de um derrame cerebral. Ela lutou para viver. Lutou para poder voltar para casa e criar cinco filhos.

Eu nunca parei de lutar durante a vida inteira e passarei o restante de meus dias sem fugir à luta. E quando ouço essa frase, vejo que ela reflete o nosso povo.

Ela mostra para o brasileiro que Deus o colocou dentro de um país onde tem o clima mais tropical do mundo, onde a terra é fértil. A Lei da Semeadura foi feita para ser praticada nesta terra.

O cara que escreveu o hino não escreveu nada próximo à grandeza do *"Verás que um filho teu não foge à luta"*. O único povo deste planeta que nasceu num lugar onde tudo que se planta nasce.

Quando Deus te coloca num lugar onde tudo que você planta, nasce, Deus está justificando a Lei da Semeadura e dizendo:

"Tudo que você plantar aqui vai nascer e está tudo no seu nome."

Então, o *"Verás que um filho teu não foge à luta"* foi Deus falando:

"Esse cara tá num lugar que tem tudo que ele precisa. Lá não tem maremoto, terremoto, vulcão, tempestades gigantes, tsunami. Lá não terá nenhum desses problemas.

Lá tudo que se plantar, nascerá"

A pergunta é: *"Como esse povo ainda não conseguiu ser uma potência mundial?"*

O erro é do planeta? Ou esse povo não sabe que está num país *"abençoado por Deus e bonito por natureza?"*, como dizia Jorge Ben? Para mim também foi Deus que segurou a caneta quando Jorge Ben escreveu essa música.

Por que esse povo perderia a bênção de Deus? Porque esse povo perdeu a conexão com a raiz e perdeu a conexão com a fé.

Uma coisa é Deus querer te abençoar, outra coisa é aceitar a bênção enquanto sua. Este povo perdeu isso. Quando este povo parar e ver que não pode fugir à luta independentemente da circunstância, então ele vai entender essas duas frases e vai cantar com elas.

Este hino deveria ser a principal referência do nosso país. Isso é a prova maior da grandeza do nosso povo. Do que temos como capacidade. Do que temos como potencialidade. Não podemos fugir da luta sendo este povo que somos.

Quando você pega um cara lá na Síria, esse cara pode fugir da luta. Esse cara pode dizer: *"Aqui não tem jeito... eu vou fugir da luta."*

Quando você pega um cara na Somália, onde a fome ataca, esse cara pode fugir da luta e dizer *"cara, aqui não dá para ficar"*.

Agora, quando você pega um cara que nasce num país que tem água salgada, água doce, tem montanha, tem miscigenação, praia... Esse cara não pode fugir da luta.

Temos dezenas de brasileiros que se destacam ou se destacaram no planeta.

Santos Dumont na aviação, Pelé e Ayrton Senna no esporte, Roberto Marinho nas telecomunicações, Roberto Carlos na música, Flávio Augusto da Silva no empreendedorismo.

Um país onde nasceu Luiz Gonzaga, Ariano Suassuna, Antônio Carlos Brasileiro Jobim, Cartola, Jovelina Pérola Negra, Zumbi dos Palmares e tantos outros guerreiros.

Como eu vou fugir da luta nascendo onde esses caras nasceram e chegando onde esses caras chegaram?

Por que eu não vou chegar? Porque eu estou fugindo a luta. Então, eu estou errado.

Minha filha e a mãe dela enfrentaram um desafio por causa de um diagnóstico precoce de hepatite e, por mais delicado que fosse, elas sempre encararam tudo sem fugir à luta.

Você pega, por exemplo, um José Raimundo da Silva, o Sr. Roxo... Um cara negro, um "da Silva", de origem humilde, que já havia perdido o pai de forma precoce e anos depois teve sua esposa perdendo a saúde de forma prematura, que cuidou dessa esposa e dos cinco filhos sem soltar a mão de ninguém e sem deixar faltar dignidade e exemplo a todos eles.

Eu falo essa frase e repito essa frase todo santo dia, porque meu pai é essa frase.

Ele nunca me disse essa frase, mas, à sua maneira, sempre me ensinou que eu tinha que ser essa frase. Por isso, eu ensino minha filha que ela tem que ser essa frase e eu vou ensinar os meus netos que eles têm que ser essa frase.

Porque se ninguém der mais certo neste país foi porque este povo fugiu à luta, este povo desonrou essa frase.

Não é um milhão de reais que vai resolver problema nenhum. É eu não fugir da luta independentemente de qual seja ela.

Essa luta é contra esse mundo de transferência de reponsabilidades, que faz com que ninguém nunca se sinta culpado por nada, onde a culpa sempre é do outro.

É contra o uso inadequado dos avanços, onde, por exemplo, as pessoas se prendem ao mínimo, descartando, assim, as milhares de possibilidades que têm na palma das mãos com seus smartphones caros.

É contra o afastamento das últimas gerações de suas origens e raízes, afastamento esse que torna essas pessoas cada vez mais dependentes do externo e cada vez menos fiéis ao interno. Essa luta é contra isso tudo.

Isso é "*Verás que um filho teu não foge à luta*".

O Rick não fugiu à luta

Na cartilha que foi montada há alguns anos, um cara de quarenta anos não dá mais certo na vida. Negro, favelado, que vendia água em Copacabana e faz daquilo um instrumento.

Eu não sou só um cara que vendia água em Copacabana. Eu sou um negro brasileiro que não vou desistir da luta. Que vou honrar o quadragésimo segundo verso do hino do meu país.

Essa frase é mais importante que as cinco estrelas que a Seleção tem no peito. Porque quando a Seleção entra em campo para jogar, ela joga, e prova que é mais importante que isso.

Essa frase é um Ayrton Senna dentro de um carro que não precisava provar nada para ninguém, mas que corria para ver brasileiro feliz.

Essa frase é um Flávio Augusto da Silva, que andava de ônibus lotado pela periferia do Rio de Janeiro, e hoje emprega mais de uma dezena de milhares de pessoas em suas empresas no Brasil e nos EUA.

Essa frase é minha filha, essa frase é meu pai.

Essa frase sou eu.

Essa frase é você.

EU EM HARVARD

"Tripulação, preparar para decolar!"

Num instante, ouvi o barulho das turbinas, fechei os olhos e deixei que a emoção tomasse conta de todo meu corpo enquanto sentia que para levantar voo, aquele avião usava toda a força do motor.

Meu coração acelerava como aquele avião e quando finalmente saímos do chão e senti meu corpo solto na poltrona, percebi que estava vivendo um milagre. Aquele era o maior avião que sairia do Brasil. Não pelo tamanho ou proporção, mas porque, dentro dele, eu carregava comigo todo o povo brasileiro em um único assento.

Quem estava decolando comigo, rumo aos Estados Unidos da América, era um povo, e eu jamais tinha imaginado que uma única aeronave pudesse levar tanta gente de uma só vez. Atravessando as nuvens não estava apenas o Rick Chesther sentado na classe executiva de um Airbus. Ali, aos pés de Deus, estavam os sonhos, superações, esperanças... Estava o grito de uma nação que clamava por algo. Eu tinha certeza de que aquele povo estava embarcando comigo naquela viagem que ultrapassava os limites e as fronteiras do Brasil.

Com os olhos fechados, revi mentalmente minha trajetória. Eu me lembrava desde a cirurgia de minha mãe, quando meu pai nos dizia: "vocês precisam estar prontos", lembrava de minha pequena horta de alface, almeirão e couve, me lembrava dos pés torrando nas areias quentes de Copacabana, me lembrava da caixa de isopor. Embora meu corpo parecesse flutuar, aquilo não era um sonho: eu estava indo palestrar em Harvard.

Tudo começou quando recebi um e-mail na minha caixa de mensagens. Eu já estava com muitos convites para palestras e eventos por todo o Brasil e tinha acabado de entregar o primeiro texto do meu livro para a Buzz, minha editora. Minhas redes sociais estavam crescendo e a agenda lotada de compromissos. Se alguém me perguntasse naquele momento, eu jamais poderia imaginar que, no minuto seguinte, minha vida se transformaria.

O remetente da tal mensagem era o Matheus Tomoto, que tinha se tornado um amigo fazia pouco tempo. Pesquisador de Harvard, ele me informava que tinha feito a indicação do meu nome para a *Brilive Conference*, que era a Brazilian International Live Conference, um evento realizado pela LP Infocus.

Continuei lendo o e-mail, ainda sem me dar conta da magnitude do convite, e as palavras: *"indiquei seu nome para que você possa vir contar sua história e como conseguiu, em tão pouco tempo, sair de menos dez reais e fazer o que está fazendo, causando tamanho impacto, sendo esta verdadeira explosão nas redes sociais e, por fim, mudando a vida de tantas pessoas".*

Minhas mãos começaram a tremer. Minha cabeça repetia aquelas palavras, enquanto, ao fundo, a trilha sonora do Hino Nacional não deixava de me lembrar: *"O teu futuro espelha essa grandeza..."*

Poderia parecer apenas um convite ou uma indicação, mas aquele e-mail me mostrava que eu estava colhendo o que tinha plantado. Era muita coisa para quem tinha vindo de onde vim. Levantei, fui ao banheiro, lavei o rosto e fiquei encarando aquele rosto no espelho. Um semblante de um sujeito de 41 anos, que trazia marcas evidentes de suas lutas e que era a definição de um genuíno brasileiro de raiz.

Aquele convite ecoava na minha mente. Para quem tinha a idade que tenho e tinha passado pelo que passei, que sabia que, se aos 41 anos de idade não tivesse conseguido fazer nada, a teoria é que o jogo já tinha acabado e ele seria um derrotado. Tudo parecia um sonho, mas eu estava ali, diante de um e-mail que provava o contrário. Meu nome tinha sido indicado para que eu palestrasse em Harvard.

Mesmo com o coração explodindo de felicidade, tentei me conter. Era apenas um convite.

Alguns dias depois, inesperadamente, chegou no e-mail a carta da organizadora da *Brilive Conference*. Meu coração tentava escapar do peito e eu tremia igual a vara verde. A carta me convidava para ir para os Estados Unidos da América no dia 11 de agosto de 2018.

Antes de celebrar, uma preocupação: eu tinha a agenda toda de eventos de cor na cabeça e sabia que no mesmo dia haveria uma palestra em Santa Inês do Maranhão. Para concordar e aceitar o convite, eu precisava, em primeiro lugar, conversar com o contratante.

Respirei fundo e fiz o que tinha que ser feito. Peguei o telefone do Márcio, um cara que tinha reservado a data desde o dia que eu postara o vídeo da água. Não era justo que eu cancelasse o evento.

– Oi, Márcio! Aqui é o Rick – falei. – Acabei de ser convidado para ir aos Estados Unidos. A palestra é dia 11, mas eu tenho que embarcar dia 9 e você tem uma palestra agendada dia 11 também, e aprendi com meu pai que compromisso é compromisso. Então, estou ligando para você primeiro para saber como está o processo de divulgação da palestra aí, se já foi impresso algum tipo de material, se há a possibilidade de adiarmos isso uma semana, porque há um convite para ir para Harvard, mas, antes de dizer sim para o convite, eu preciso saber se podemos transferir a data.

Aqui preciso dizer que águia sempre reconhece e atrai águia para perto de si. O Márcio era uma águia e, em vez de colocar qualquer empecilho, ele disse, com a maior humanidade e generosidade do mundo:

– Rick, não serei eu que vou travar o crescimento do seu trabalho. Pode ir sim, adiaremos por uma semana o evento. Vá em paz. Tenho certeza de que isso ainda vai agregar mais valor ao nosso evento.

Naquele momento, quando desliguei o telefone, agradecendo a compreensão e generosidade, liguei imediatamente para a organização do evento, além de comunicar duas pessoas-chaves na minha carreira: o Flávio Augusto e o Anderson Cavalcante, meu editor e o Publisher da editora Buzz.

A resposta de ambos foi imediata. O Flávio respondeu com as seguintes palavras: *"Parabéns, eu estive lá palestrando. Agora é sua vez. Vá e arrebente!"*, enquanto o Anderson comemorou como uma criança, como se ele próprio tivesse sido convidado, tamanha a felicidade em ver a minha realização.

Aquilo me dava ânimo, força, e a certeza de que eu estava caminhando com as pessoas certas. Águias sempre celebram o sucesso dos seus parceiros.

Só que logo veio uma questão que nem estava no meu radar. Eu nunca tinha tirado um passaporte. Eu tinha recebido um convite, mas nem passaporte tinha para palestrar nos Estados Unidos. Então, começava uma verdadeira maratona que me fazia pensar que a perspectiva do povo é tão pequena para sair do país que não pensamos em tirar passaporte quando tiramos título de eleitor, RG, CPF. A maioria de nós vive com uma parede imaginária que deixa nosso limite na fronteira, como se dissesse "Daqui para lá, você não vai passar, então nem precisa se preparar". Eu fui mais uma vítima disso.

Começou uma maratona que quebrou várias crenças que eu tinha a respeito do passaporte. Eu sempre ouvi das pessoas que era caro, que era difícil. No entanto, fizemos do jeito legal, enviei os documentos, paguei as taxas, corri e, com o passaporte em mãos, veio mais um desafio: o visto.

Enquanto isso, a programação do evento não podia fazer um folder com minha foto estampada, porque não havia a certeza de que eu teria o visto aceito. No final das contas, depois de tudo isso aprovado e com o visto em mãos, eu pude fazer o segundo vídeo mais impactante da minha vida.

Costumo dizer que houve dois vídeos que foram grandes marcos e se tornaram virais de tal forma que a repercussão escapou das minhas mãos, saindo de controle. Teve o Rick de depois do vídeo da água e o Rick do vídeo da água, que ia palestrar em Harvard.

Além de ver meu vídeo saltando aos olhos de todo celular, no Brasil todo, eu recebia convites de todas as emissoras do país para compartilhar minha história. Era um marco. Contabilizei 36 matérias, entre TV, jornais, rádio e internet.

A comoção era geral. O brasileiro, *gigante pela própria natureza*, sentia que podia ter esperança, que meu discurso não era infundado, que ele repercutia para além das fronteiras do nosso país e ia invadir os Estados Unidos, ecoando como um grito de liberdade.

O Rick Chesther da Silva, que ia embarcar para os Estados Unidos da América, não era apenas um CPF. Eu ia falar em nome desse povo e eu sabia disso. O segundo vídeo comprovava e validava a mensagem de superação que eu carregava comigo. Todo mundo sabia quantas quedas eu tinha enfrentado e quantas vezes eu tinha lutado, sem nunca me acovardar.

Os dias que antecederam a viagem foram de glória, alegria e reconhecimento, mas só tive a dimensão exata do que estava prestes a acontecer quando, no aeroporto, chamaram meu nome para que eu me dirigisse à área VIP da companhia aérea.

A equipe da Latam me tratava como um legítimo membro da realeza britânica. Me conduziram até o avião, onde fui acomodado na primeira classe. Logo que afivelei os cintos, o comandante anunciou *"Neste voo está presente Rick Chesther, que está indo palestrar em Harvard, em nome de todo o povo brasileiro!"*.

Nem nos meus maiores sonhos eu tinha imaginado ser recebido daquela forma pela tripulação. Era a sensação de estar no colo de Deus, sendo abençoado por tudo que eu tinha feito. Enquanto aquele avião decolava, eu era invadido por um misto de sensações: era final de semana de Dia dos Pais e aquele era um presente para que meu pai soubesse que não tinha errado na minha criação. Aquela viagem mostrava que eu não tinha me acovardado, nem descartado os ensinamentos que meu pai tinha dado. Ao mesmo tempo, minha filha entendia que não estaria comigo porque ela sabia que eu estava levando comigo todo o meu povo brasileiro. Ela já tinha pego aquela visão.

Assim, enquanto agradecia, de olhos fechados, relembrando tudo que tinha antecedido aquele dia, eu tinha uma certeza: ali já não era apenas um Silva, mas sim todos os sobrenomes do país, os vendedores de Copacabana, os seguidores das redes sociais, o povo brasileiro que ia comigo naquele voo. Se por um lado aquilo me aliviava, por outro, me dizia que a responsabilidade era grande. Eu precisava honrar aquele povo cheio de esperança, história, sonhos e superação.

Como bom brasileiro que sou, e não desisto nunca, assim que sobrevoei os Estados Unidos, observei a arquitetura, o mar e brinquei com os passageiros que estavam ao meu lado no voo que eu poderia vender muita água por ali.

Assim que pisei em Boston, fui encaminhado para a imigração e, sem falar inglês, não conseguia me comunicar com a autoridade norte-americana. Mostrei o folder do evento de Harvard, mas eles detectaram que meu nome não estava escrito ali, já que o impresso tinha saído da gráfica antes da confirmação do meu visto.

Logo, começaram a desconfiar da minha versão dos fatos. Para piorar, o endereço que eu tinha, de onde ficaria hospedado, coincidia com o endereço de uma barbearia. Fui conduzido para uma outra sala onde esperei durante uma hora para que encontrassem uma intérprete.

Enquanto isso, apenas pensava com tranquilidade "*Deus, seja feita a sua vontade*". Sabia que, na pior das hipóteses, eu voltaria com a mesma energia e felicidade com que tinha embarcado, porque, se não era para ser, não era para ser e pronto.

Logo que a tradutora chegou, descobrimos que a barbearia era debaixo de onde ficava o evento. Então, tudo foi esclarecido com a organizadora e fui finalmente liberado. Eu estava autorizado a pisar em território americano.

Fomos tomar um café e logo a organizadora do evento convidou para que eu a acompanhasse no supermercado, porque ela precisava comprar um tripé para a câmera. Dei dois passos e ouvi meu nome. *"Não estou acreditando. Estou nos Estados Unidos da América e tem alguém citando meu nome aqui"*.

As pessoas foram até mim, dizendo que acompanhavam meu trabalho e me deram parabéns. Para minha surpresa, fomos a um restaurante logo depois e pelo menos dez pessoas me reconheceram e foram pedir fotos. Quanto maior o número de pessoas que surgiam, maior a minha responsabilidade.

No dia da palestra, levantei, agradeci a Deus e parti para Harvard. No caminho, um filme passava pela minha mente: eu estaria no lugar de onde tinham saído várias mentes pensantes deste mundo e eu seria o último palestrante daquela grade.

Entrei naquele ambiente confiante, porém ansioso. Tínhamos combinado que um áudio me anunciaria. Mas não era um áudio comum: era um áudio que vinha de dentro da minha caixa de isopor, que estaria ali, posicionada me aguardando.

> *"Eu sou a caixa de isopor do Rick Chesther.*
> *Modéstia à parte, eu sou a companheira fiel dele.*
> *Juntos, na areia de Copacabana, sempre fomos parceiros.*
> *Uma parceria que nunca fugiu à luta e, por falar em*
> *Copacabana, olha onde meu parceiro foi parar, hein?*
> *Esse merece. Eu acompanhei cada volta dele.*
> *Eu peso 68 quilos. 68 quilos é o peso que ele colocava nas*
> *costas diariamente.*
> *É com lágrimas nos olhos que convido ao palco meu*
> *grande fechamento... Rick Chesther"*

Ouvi as palmas, meu coração acelerado, não conseguia conter a emoção. Antes de dizer qualquer palavra, pedi que todos se levantassem e puxei o Hino Nacional. Dava para sentir a energia no ar. Era quase palpável. Todos energizados, emocionados. Eu me dirigi até a bandeira do Brasil e, no momento em que chegamos até ao quadragésimo segundo verso do hino, *"Verás que um filho teu não foge à luta"*, a comoção foi geral.

A palestra foi um desabafo, um ato de amor e, logo que terminei, abri a caixa de isopor e disse: *"Essa caixa que carregou tanta água nas areias de Copacabana, hoje traz algo com uma importância nova"*. Foi assim que, tal qual um mágico tira um coelho da cartola, tirei a primeira versão do livro da caixa.

A simbologia era grande. Quem carregava o livro era ela, minha fiel escudeira. Mas a viagem não terminaria por ali. Depois de uma sessão de fotos de mais de uma hora com todos os presentes, embarquei para Nova Iorque, onde conheci um outro universo.

Diante daquela cidade iluminada e imponente, eu gravei um vídeo. Há 120 dias eu vendia água em Copacabana. Eu disse, no vídeo: *"Vocês não podem desacreditar nem desistir. Olhem onde eu estou. Acreditem nos sonhos."*

Essa era a certeza que me acompanhava durante toda a viagem, fosse na Estátua da Liberdade, na ONU, em pontos turísticos diversos, onde eu chegasse, era a bandeira da Mangueira e do Brasil que eu carregava.

No meio da viagem me comuniquei com o Flávio Augusto, que já tinha dito que precisávamos nos encontrar. Quando recebi as passagens de avião que ele próprio tinha adquirido para me presentear, mais uma vez agradeci a Deus pela conquista. E se eu já achava uma grande felicidade saber que iria encontrá-lo, imagine a minha cara quando me deparei com o próprio indo me buscar no aeroporto, onde me ajudou a carregar minha mala e me levou, pessoalmente, para o hotel onde eu ficaria hospedado.

Em dez segundos de conversa já tínhamos trocado tantos *insights* e ele tinha aberto minha mente de tal forma que eu nem imaginava que aquilo pudesse acontecer.

Eu já tinha entendido fazia tempo que eu não era apenas um CPF, eu era um grito de um povo. No hotel, enquanto conversava com o Flávio, ele soltou no meio de uma conversa: *"Rick, você é um mensageiro"*.

Aquela frase ficou ecoando na minha mente e, depois de duas horas e meia de conversa e muito aprendizado, eu sabia que eu era um mensageiro. Nada mais que um mensageiro. Nem palestrante, nem escritor. Apenas um mensageiro.

Um mensageiro que viu sua mensagem se disseminar através das redes sociais, que sentiu que podia trazer a transformação sem fronteiras, que poderia aproximar cores, raças, países, classes sociais, trazendo o discurso que traz a esperança do povo brasileiro, que não desiste nunca.

Quando ouvi novamente:

"Tripulação, preparar para decolar!", sabia que meu destino era o Brasil, sabia que eu tinha deixado um pouco da garra de nosso povo em solo americano e que também levava um pouco do povo americano comigo de volta ao Brasil e isso fazia com que meu peito se enchesse de orgulho. Eu levava comigo a certeza de que havia ensinado algo e que eu havia aprendido algo também.

Fechei os olhos, ouvi as turbinas. Eu era aquele avião e estava subindo com toda velocidade que podia, mas que precisava ter ultrapassado todas as tempestades que enfrentei enquanto tentava subir. Toda turbulência e, apesar do medo, continuar em aceleração constante.

A viagem é e sempre será mais importante do que o destino. A viagem é a vida. Às vezes somos condutores e nos responsabilizamos pela vida de muitos. Às vezes, passageiros, e somos conduzidos por alguém mais experiente. De uma forma ou de outra, acredito que sempre temos que dividir o que aprendemos. Toda experiência e horas de voo que acumulamos.

"Não é só sobre chegar no topo do mundo e saber que venceu". É sobre estar no alto, fortalecido, depois da luta, e sentir que a temperatura da areia de Copacabana e o peso da caixa de isopor só te fortaleceu.

É sobre não desistir, mesmo quando o corpo todo pede para chorar. É sobre ser um filho que não foge à luta.

É sobre ser o resultado do NÃO que dei para todos os NÃOS que me deram. Mas falar sobre superação mesmo é história que cabe em outro livro.

Eu sou Rick Chesther. O mensageiro